KB274280

다산의 책상

다산의 책상

이태산 지음

홍익피앤씨

· 이 책은 정약용 선생의 현손(玄孫) 정규영(丁奎英)이 쓴 〈사암선생연보(俟菴先生年譜)〉를
  참조하였다. 사암(俟菴)은 정약용 선생의 또 다른 호(號)이다.
· 그밖에 영조실록과 정조실록을 비롯한 여러 도서의 도움을 받았다.
· 이 책에 나오는 모든 날짜는 음력으로 표기하였다.

| 차례 |

서른아홉 살 정약용은 선택의 기로에 서 있었다. 굴욕을 이겨내고 대궐에 남을 것인가, 아니면 그동안 이뤄낸 모든 것을 버리고 고향으로 내려갈 것인가. 오랜 번민 끝에 내린 선택은 후자였다. 지난 11년 동안 벼슬 생활을 하면서 노론들의 끊임없는 핍박과 배척의 대상이 되어 살았던 굴욕으로부터 해방을 택한 것이다.

그러나 세상은 그리 호락호락하지 않았다. 1800년(정조 24년) 6월 28일, 정조 임금의 갑작스러운 죽음과 그 뒤 둘째 형 약종과 맏형 약현의 사위 황사영이 연달아 일으킨 천주교 관련사건 때문에 그동안 쌓아 올린 모든 것을 부정당한 채 천리 밖으로 유배를 떠나게 되었다.

정조 임금의 두터운 신임을 받고 출세 가도를 달리던 정약용의 몰락에는 능력 있는 남인 계열 젊은 학자들이 더 성장하기 전에 영구히 퇴출하려는 노론들의 악랄한 의도가 숨어 있었다. 정약용의 천주교 신앙 전력은 핑계일 뿐, 이대로 더 성장하게 놔뒀다가는 장차 노론 세력에게 걸림돌이 될 것을 우려한 비상조치였다.

그랬기에 남인 출신의 당대 최고 지식인들은 물론이고 똑똑하고 재주 많은 젊은 학자들이 단지 천주교와 연결되었다는 사실만으로 죽임을 당할 수밖에 없었고, 그나마 정약용은 간신히 살아남아 전라도 강진 땅으로의 유형流刑에 처해지고 말았다.

그러나 18년간의 유배 생활은 오히려 성약용에게는 학문적 성취를 이뤄낸 시간이었다. 그가 쓰고 또 쓰며 이뤄낸 결과물들은 하나같이 조선 후기 사회가 당면하고 있던 각종 병폐 현상에 대해 개혁의 방향을 모색한 것이었고, 비판의식을 가지고 조선 사회가 당면하고 있는 문제들의 대안을 찾아 나선 여정이었다.

대궐에 있을 때보다 권외圈外의 존재로서 좀 더 냉철하게 후기 조선 사회가 안고 있는 문제들의 원인을 찾아내고, 이를 통해 구체적이고 실천적인 개혁안을 제시하려 노력했던 정약용은 이러한 고뇌의 흔적을 정치, 경제, 사회, 문화, 사상을 넘나드는 182책 508권의 책으로 엮었다.

이 책 《다산의 책상》은 정약용이라는 조선 후기 최고 지식인의 삶을 뒤밟아간 연대기이자 유배 생활의 고통을 이겨내고 위대한 학문적 업적을 이뤄낸 한 인간의 승리를 존경의 마음을 담아 기록하고 있다.

여기에 더해 조선 후기라는 시대의 창을 통해 바라본 그 시대의 사회상과 인간 군상들의 모습을 그려내기 위해 노력했다. 유학자이자 실학자로, 그리고 한때는 신실한 천주교 신자로 살았던 다산 정약용의 굴곡진 삶을 통해 조선 후기를 살다 간 한 지성인의 고뇌와 방황의 여정에 발걸음을 함께하는 것도 의미 있는 일일 것이다.

실학,
천주교,
그리고
정약용

혼맥과 학맥으로 얽힌 그들은 하나같이 오늘과는 다른 조선의 모습을 갈망한 최고 지성인들이었고, 정약용의 삶에 영향을 끼친 사람들이었다. 엄혹한 시대를 살아야 했고, 대부분 천주교도라는 이유로 죽음을 면치 못했던 그들이 살아남았더라면 조선은 훨씬 더 빨리 개혁된 나라가 되었을 것이다.

가톨릭과 가까웠던 집안 내력

1762년(영조 38년) 6월 16일, 경기도 광주군 초부면 마현리(지금의 남양주시 조안면 능내리)에서 한 아이가 태어났다. 압해 정씨押海丁氏 집안의 장손인 정재원丁載遠의 넷째아늘로 태어난 아이의 이름은 약용若鏞이었다. '압해'는 전라남도 신안의 옛 이름으로, 그곳이 지리적으로 나주에 가까워 '나주 정씨'라 부르기도 한다.

약용의 집안은 8대에 걸쳐 홍문관弘文館 명부에 이름을 올린 명문가로, 그의 아버지는 높은 벼슬을 지낸 조상의 음덕으로 벼슬길에 오르는 음서제蔭敍制 덕분에 경기도 연천 군수, 전라도 화순 군수, 진주 목사, 호조좌랑 등을 지냈다.

다복하고 품위 있는 집안이었다. 큰아들 약현若鉉은 첫째 부인 의령 남씨 소생으로, 약용보다 열한 살 위였다. 약현은 평생 벼슬하지 않고 우직하게 고향 집을 지킨 집안의 기둥이었다. 그의 처남은 우리나라 가톨릭 창설의 주역인 이벽李

鑿이고, 사위는 '황사영 백서 사건'으로 유명한 황사영黃嗣永이
었다.

  아버지는 첫째 부인(약현의 어머니)이 일찍 사망하자 해
남 윤씨海南 尹氏 집안의 윤소온尹小溫과 재혼하여 약전若銓, 약종若
鍾, 약용을 낳았고, 큰딸은 우리나라 최초로 가톨릭 세례를
받은 이승훈李承薰과 혼인했다. 아버지는 후에 윤씨 부인마저
일찍 사망하자 소실을 얻어 약횡若橫과 딸을 더 낳았다.

  이러한 내력만 봐도 정약용의 집안이 가톨릭과 밀접한 연
관이 있다는 사실을 알 수 있다. 왜 그들은 당시 나라에서
국법으로 금지하던 가톨릭과 밀착되었을까. 가톨릭의 무엇
이 정약용의 집안을 멸문지화에 가까운 재앙에 휘말리게 했
을까. 그 이유는, 당시 많은 지식인이 그랬듯이 정씨 집안
형제들 역시 가톨릭이 제공하는 새로운 사상과 세계관, 그
리고 사회적 평등 이념에 매료된 선각자들이었기 때문이다.

  가톨릭은 천지창조, 사후 세계, 신체와 영혼 등 성리학과
는 전혀 다른 세계관을 제시하여 성리학의 진부한 울타리에
갇혀 있던 지식인들을 놀라게 했다. 그들은 또한 가톨릭과
함께 유입된 서양의 과학, 기계 건축학, 천문지리학 등 이제
까지 접하지 못했던 학문을 접하며 이를 서학西學이라 불렀다.

유난히 주목받던 아이

약용은 돌이 지나자마자 완두창^{豌豆瘡}을 앓았다. 완두창은 몸에 완두 모양으로 종기가 나는 급성 발진성 전염병이었다. 천연두의 일종인 완두창은 홍역과 함께 18세기 조선 사회에 흔하던 질병으로 매년 수많은 사망자를 낳은 최악의 질병이었다.

어린 약용은 통증이 심한데도 내색하지 않고 차분하게 치료를 받았다고 한다. 약용의 경우엔 다행히 치료가 잘 되었지만, 오른쪽 눈썹 위에 깊이 파인 흔적이 남아 또 하나의 눈썹처럼 흉터가 생겼다. 이에 정약용은 자신의 호를 눈썹이 세 개라는 뜻의 '삼미자^{三眉子}'라 지으며 10세 전후에 《삼미자집》을 짓기도 했다.

정약용은 정치적으로 남인의 속했던 아버지가 임오화변^{壬午禍變}으로 인한 당파싸움에 밀려 벼슬을 내려놓은 뒤 고향으로 돌아갈 때 태어났다. 임오화변이란 정약용이 태어난 1762년에 영조가 아들 사도세자의 지위를 박탈하는 것은 물론 서인으로 폐위시킨 뒤 뒤주에 가둬 8일 만에 굶겨 죽인 사건을 말한다.

'화변'이란 비상식적인 재난이나 변괴를 뜻하는 말로 그 일이 아비가 아들은 죽이는, 누구도 이해할 수 없는 변고였기에 붙여진 것이었다.

정약용은 여섯 살 때 아버지가 경기도 연천 현감으로 부임하자 그곳으로 따라가 가르침을 받았다. 어린 시절 부친의 가르침 말고는 누구에게도 교육받지 않고 철저히 독학한 정약용은 더 성장해서는 중국과 조선의 저명한 학자들이 지은 책을 두루 섭렵하며 지식을 쌓아갔다. 교육열이 대단했던 아버지의 훈육 아래 또래들보다 훨씬 일찍 중국의 경전을 접한 정약용은 공부 속도가 유난히 빨라 사람들을 놀라게 했다.

네 살 때 이미 천자문을 익힌 정약용은 일곱 살이 되자 벌써 오언시五言詩를 짓기 시작했다. 당시 정약용이 지은 '산山'이라는 제목의 시에 이런 구절이 있었다.

작은 산이 큰 산을 가렸으니
멀고 가까움이 다르기 때문이다.
小山蔽大山 遠近地不同

주변의 어른들은 어린 나이에 벌써 원근법의 이치를 알아챈 약용의 명석함에 놀랐다. 그의 형제들은 모두 똑똑했지

만, 특히 약용은 어려서부터 하나를 배우면 열을 알아챌 정
도로 명석해 이웃의 칭찬이 자자했다.

1770년 9월, 그의 나이 아홉 살 때 어머니 해남 윤씨가
돌아가시는 비극을 겪었다. 자애롭지만 엄격했던 모친의 사
망에 어린 약용은 한동안 큰 슬픔에 빠졌다.

모친은 〈어부사시사〉로 유명한 조선 중기의 시인이자 정
치가였던 윤선도尹善道 선생의 후손으로, 윤선도의 증손자인
윤두서尹斗緖의 손녀였다. 윤두서의 아들 덕렬德烈의 딸이 바로
정약용의 어머니였다.

윤두서는 조선 중후기를 대표하는 문신이자 화가로, 그
가 직접 그린 자화상은 우리나라 국보로 지정되었다. 정약
용의 얼굴 모습과 수염이 외가 쪽을 많이 닮아 '나의 정분精分.
몸과 마음의 근원은 외가에서 받은 바가 많다'고 말하곤 했다.

열 살이 되자 이미 사서四書와 경서經書를 모방해서 자기 나
름으로 창작해 놓은 글이 자신의 키를 훌쩍 넘을 만큼 쌓였
다. 열세 살 무렵에는 이백李白이나 두보杜甫 같은 고대 중국
시인들의 시풍을 본뜬 작품을 여럿 지어 아버지의 친구들로
부터 칭찬을 들었다.

"약용이는 나중에 틀림없이 정승판서가 될 것이다."

많은 사람이 그리 말했고, 소년 정약용의 미래를 당연시했다. 그럴수록 아버지는 아들에게 교만하지 말라고 다독거리며 더욱 공부에 매진하도록 가르쳤다.

1776년 2월 22일, 약용은 열다섯 살이 되자 풍산 홍씨 가문인 홍화보洪和輔의 딸과 결혼했다. 신부의 이름은 홍혜완洪惠婉, 나이는 약용보다 한 살 연상인 열여섯이었다. 당시는 조혼 풍습에 따라 법적으로 혼인이 가능한 나이가 남자는 열다섯 살, 여자는 열여섯 살이었으니 적절한 나이에 결혼한 셈이었다.

장인 홍화보는 무신武臣으로 호방한 성품에다 병법에 밝은 분이었다. 황해도 장연 부사로 재직할 때 청나라 해적선 퇴치에 큰 공을 세웠고, 이후에는 영남 우도右道와 함길도(함경도)의 병마절도사를 지냈다.

결혼 후에 정약용은 아버지가 호조 좌랑으로 임명되어 한양에서 살았기 때문에 남촌에 살림집을 세내어 살았다. 남촌은 목멱산 아래쪽에 있는 마을로 지금의 남산동, 회현동 일대를 말한다.

젊은 정약용, 실학에 눈을 뜨다

1776년 3월, 지난 52년 동안 조선을 다스렸던 영조대왕께서 82세에 승하하시고 세손世孫인 정조께서 25세의 나이에 조선의 22대 왕위에 올랐다. 정약용의 나이 열다섯 살 때의 일이다.

영조에서 정조로 이어진 18세기 조선은 우리 역사의 과도기였다. 조선이 그동안 고집해 온 정통 성리학의 모순들로 인한 반작용이 여기저기서 쏟아져 나오고, 청나라에 유입된 선진문화가 유입되는 가운데 농업경세에서 상품경제로 이동하면서 다양한 형태의 사회문화적 모순들이 모습을 드러내고 있었다.

과도기에는 필연적으로 구시대 전통들이 해체되고 새로운 시대로의 개혁을 바라는 선각자들이 나타나는 법이다. 그들은 유학의 진부한 전통이나 웅변보다는 경세치용經世致用과 실사구시實事求是 정신에 근거해 조선 사회의 문제점들을 수술해 나가자고 외쳤다.

경세치용이란 학문은 세상을 다스리는 데에 실질적인 이익을 줄 수 있어야 한다는 뜻이고, 실사구시란 사실에 바탕을 두고 진리를 탐구한다는 의미이다. 실사구시는 원래 청나라 고증학파들이 내세운 구호로, 이들은 고리타분한 이론에만 치우친 유학을 비판하면서 현실 문제를 극복하기 위해서는 발등에 떨어진 당장의 문제들을 직시하는 실증적 학문을 통해서만이 가능하다고 주장했다.

조선에서 실사구시 정신에 따라 활발히 전개된 운동은 실학實學이었다. 실학자들은 정치제도는 물론이고 과거제도, 토지제도, 병제兵制, 경제구조 등 사회의 모든 요소를 비판하며 그 대안을 찾아 나섰다.

조선 사회에서 가장 앞장서서 실학을 외친 사람은 《반계수록磻溪隨錄》을 쓴 유형원柳馨遠과 《성호사설星湖僿說》을 지은 이익李瀷이었다. 《반계수록》은 평생 관직을 마다하고 처사로 살면서 학문 연구에 매진해 온 유형원이 국가 시스템의 개혁 방안을 제시하고 있다.

영조는 숙종 임금 때 발간된 이 책을 100여 년이 지난 시점에 읽고 유형원의 주장에 감탄한 나머지 국가가 주도하여 간행하도록 명할 정도로 매료되었다. 이후 《반계수록》은 조선 후기 실학의 바탕을 만들었다.

한편 《성호사설》은 이익이 제자들과 문답을 나눈 천문, 지리, 역사, 제도, 군사, 풍속, 문화 등 여러 분야에 걸친 내용의 지식이 집대성된 책으로 새로운 시대로 향하는 좌표를

제시하고 있어 개혁을 지향하는 젊은 학자들에게 교과서처
럼 읽혔다.

두 사람의 학문을 이어받은 제자들은 점차 관심 분야를
넓혀서 상공업의 발달, 신기술의 도입, 관료 사회의 개혁,
토지개혁 등을 주장하면서 이를 위해 나라의 문을 열고 외
국의 선진 문물을 적극 받아들여야 한다고 외쳤다. 실학자
들은 이런 생각을 말과 글로 표현함으로써 당대의 젊은이들
을 깨우쳤다.

박지원朴趾源, 박제가朴齊家, 홍대용洪大容 등이 그런 사람들로,
이들은 그동안 조선 사회를 이끌어 온 선배 학자들이 오랑
캐라며 배척해 온 청나라의 발전된 문물을 배워야 한다고
주장하는 점에서 북학파라 불렸다.

실학자들은 단순히 현실을 부정하고 새로운 세계로의 변
화만을 부르짖은 것은 아니었다. 이들은 '옛것을 본받아 새
로운 것을 창조한다'는 신념으로 옛것에 토대를 두되 그것
을 변화시키며, 그것을 바탕으로 새것을 만들어 가야 한다
고 믿었다. 한 마디로 개혁은 하되 우리만의 근본을 잃지 말
자는 것이었다.

이를 '법고창신法古創新'이라 한다. 실학자들은 우리가 가진

소중한 것은 지키고 본받되, 이를 바탕으로 새것을 만들어 간다는 철학 아래 자신의 분야를 연구하고 개척해 나갔고 나라의 미래를 위해 새로운 길을 찾아 나섰다.

　실학과 함께 18세기 조선 사회를 뒤흔든 것이 있으니, 바로 천주교였다. 실학이 조선의 젊은이들에게 의식의 변화를 불러왔다면 천주교는 유학을 종교 차원으로 신봉해 온 조선인들에게 처음으로 유교의 울타리를 벗어나 새로운 신앙을 알게 했다는 점에서 특별했다.

　처음에 천주교를 접한 학자들 중에는 서학이라 불리던 천주교의 '천주天主'와 유교의 '상제上帝'를 동일시하여 서학이 유학을 보완한다고 말하는 등 천주교에 호의적인 시선을 보내며 적극적으로 다가섰다.

　조선의 천주교 전래가 특별한 이유는 외국인 선교사들의 활동이 전무한 상태에서 조선인들 스스로 신앙을 받아들였다는 점이다. 이렇게 자생적으로 성장한 천주교는 점차 교세를 넓혀 나가면서 유학을 고집하는 기득권 세력의 강력한 저항에 부딪혀 수많은 사람들이 사망에 이르는 박해 사건을 부르게 된다.

　과연 천주교의 무엇이 엄청난 살육을 부를 정도로 증오의 대상이 되었을까. 조선의 사대부들은 왜 그렇게 기를 쓰고 천주교의 확대를 차단했을까. 그럼에도 불구하고 왜 수많은 백성이 악착같이 천주교에 매달렸을까. 이러한 의문에 대한 답은 젊은 날의 정약용의 삶에서 얻어낼 수 있다.

이익의 〈성호사설〉을 읽고

1776년 여름 어느 날, 정약용은 매형인 이승훈과 그의 외숙부 이가환李家煥을 만나 많은 이야기를 나누고, 깊은 감화를 받았다. 정약용보다 여섯 살 위인 이승훈은 이른 나이에 성균관에 들어갔지만 주자학의 그늘에서 벗어나 다양한 학문을 접하기 위해 다양한 학문 분야에 눈길을 돌렸다.

스무 살 안팎의 나이에 벌써 당대의 이름난 학자들과 교류할 만큼 폭넓은 인간관계를 맺었던 이승훈은 그들 사이에 유행처럼 번지고 있던 천주학을 접하게 되었다. 그 뒤 이승훈은 천주학 공부 모임의 중심인물인 이벽과 가깝게 지내며 누구보다 신실한 신자가 되었다.

이가환은 이익 선생의 종손으로 천문학과 수학, 유학에 두루 능통한 당대 최고 지성이었다. 정약용보다 스무 살 연상인 그는 정조 시대를 대표하는 거물 정치인 채제공蔡濟恭의 후계자로 여겨질 만큼 앞길이 창창해서 정조의 총애를 받으며 공조판서에 오르기도 했다.

하지만 이후의 벼슬길은 순탄치 않았다. 이가환의 종조부가 숙종 임금 때 노론 세력과 대적하다가 삭탈관직을 당한 끝에 처형된 일이 있는데, 이런 내력 탓에 노론이 이가환에 대해 사사건건 물고 늘어지며 공격했다.

이런 상황에서 벼슬살이에 염증을 느낀 이가환은 이승훈이나 이벽과 교유하면서 천주교에 관심을 두기 시작했다. 그러다 몇 년 뒤에 천주교에 빠졌던 전력을 문제 삼는 노론 세력에 의해 의금부에 끌려가 혹독한 고문을 받고 목숨을 잃고 말았다.

멀리는 이익 선생으로부터 가까이는 이가환, 이승훈, 이벽, 정약전으로 이어지는 친교를 통해, 그리고 그들의 공통 관심사인 천주교를 통해 새로운 문물과 서양의 학문에 눈뜨기 시작한 정약용은 열여섯 살이 되자 깨어 있는 젊은이들의 필독서 《성호사설》을 탐독하기 시작했다. 정약용은 이렇게 말했다.

"나는 평소 쓸데없는 몽상이 많았는데, 이익 선생님을 따라 공부하며 점차 그러한 몽상에서 깨어나게 되었다."

　무엇이 그렇게 정약용을 몽상에서 깨어나게 했을까?《성호사설》은 이익이 젊은 시절부터 광범위한 독서를 통해 얻은 지식을 바탕으로 서양 문물은 물론이고 과학과 천문 지리, 심지어 가톨릭 사상 등을 망라한 내용을 쏟아놓은 백과사전과 같은 책이다. 이익은 말했다.

　"예학禮學보다 실용적인 현실 구제책이 더 중요하며 유교 이외의 다른 사상도 인정할 수 있어야 한다."

　조선 왕조 창건 이래 줄기차게 고집해 온 유학의 틀을 깨고 실용을 바탕에 두기 위해 더 넓은 세상으로 눈을 돌려야 한다는 이익의 주장에서 정약용은 커다란 깨달음을 얻었다. 이때의 각성이 정약용을 평생 실학자로 살아가게 한 원동력이 되었을 것이다.

　《성호사설》은 총 223개 항목으로 구성된 방대한 분량이다. 그만큼 다방면에 걸친 이익 선생의 사고와 철학이 책 안에 가득 깔려 있다.

　특히 이익은 왕세자에 대한 엄격한 교육을 주장하거나 서얼에게도 꿈을 펼쳐나갈 길을 열어줄 것, 조상의 내력을 따지는 제도를 없앨 것 등 파격적인 주장을 펼쳤다. 그런가 하면 당시만 해도 '벌열閥閱'이라 하여 나라에 큰 공을 세우거나 높은 벼슬을 지낸 집안은 우대하는 관습이 있었는데, 이익은 이런 제도의 폐지를 주장했다.

이익은 또한 노비제를 '천하의 악법'이라 규정하면서 그 밖에도 과거제, 미신과 사치 행위, 승려, 게으름뱅이를 사회의 대표적인 폐단으로서 국가와 사회를 좀먹는 암적인 존재라고 주장했다. 《성호사설》을 보자.

"농사에 힘쓰지 않아 나라를 좀먹는 여섯 가지 폐단이 있는데, 장사꾼은 그 가운데 들어 있지 않다. 첫째가 노비제도, 둘째가 과거제도, 셋째가 문벌제도, 넷째가 사치와 미신 숭배, 다섯째가 승려, 여섯째가 게으름이다."

과거시험을 준비하다

1777년 가을, 아버지가 전라도 화순 부사에 임명되어 동행하게 되었다. 거기서 정약용은 광주 서석산瑞石山과 화순 적벽 상류에 자리한 물염정勿染亭 등 호남의 명소를 돌아보며 호연지기를 키웠다. 그리고 한동안 동림사東林寺라는 사찰에 머물며 글공부를 이어 갔다.

아버지가 이렇게 자신의 부임지에 아들을 동행하는 이유는 세상을 보는 눈을 뜨라는 무언의 권유였다. 경전에서만

인생의 길을 찾는 것은 우물 안의 개구리처럼 어리석은 법이니 드넓은 세상과 그 속에서 살아가는 인간 군상을 보고 장차 자신의 방향과 삶의 가치를 깨달아 보라는 뜻이었다.

이렇게 아버지의 임지를 따라다니면서 경험과 견문을 넓힌 정약용은 열여덟 살이 되자 한양에 올라가 본격적으로 과거시험에 대비한 공부를 시작했다.

조선의 양반가 자제들은 어릴 때 서당에서 유학의 기초 지식을 배운 다음 10대 중반이 되면 한양은 사학四學에서, 지방은 향교에서 공부한 뒤에 과거의 소과小科에 응시하는 순비를 했다. 사학은 한양의 중앙中學, 동쪽東學, 서쪽西學, 남쪽南學에 설치한 성균관의 부속학교로 요즘으로 치면 중고등학교에 해당한다.

이들의 최종 목표는 과거시험에 합격하는 것이었다. 과거시험 통과만이 제도권 정치 세계로 들어갈 수 있는 유일한 관문이니 조선 팔도 모든 양반가 자제가 과거시험에 도전하는 걸 목표로 공부할 수밖에 없었다.

과거시험은 크게 문과, 무과, 잡과로 나뉘었다. 문과는 문관을 선발하는 시험으로, 생원시와 진사시를 거쳐 대과로 나갈 수 있었다. 그밖에 무과는 무관을 선발하고 잡과는 역과譯科, 통역, 의과醫科, 의원, 음양과陰陽科, 천문 지리, 사주 명리, 율과律科, 법률 등 기술 분야의 관리를 뽑는 시험이었다.

과거시험에서 소과는 문과 가운데 생원이나 진사가 되는 시험이고, 대과는 문관 후보자를 뽑는 시험으로 초시初試, 복시覆試, 전시殿試의 3단계를 거쳐야 했다. 초시는 전국 각 지역에서 실시되고, 복시는 초시 합격자들이 한양에 올라와 치렀다. 한편 전시는 복시 합격자 중에 최종 33명이 임금 앞에서 순위를 가리기 위해 치르는 마지막 단계의 시험이었다.

정약용은 공령문功令文, 과거시험 문제 형식의 시문을 공부한 지 얼마 되지 않아 성균관에 입학하는 자격시험인 승보시陞補試에 합격했다. 당시 정약용의 나이는 열여덟, 승보시에 합격한다고 당장 성균관 유생이 되는 것은 아니지만 그의 시선은 이미 대궐에서 나랏일을 고민하고 설계하는 창창한 미래를 향하고 있었다.

이 무렵 정약용보다 네 살 위인 둘째형 약전이 권철신權哲身 선생 문하에서 공부하기 시작했다. 권철신은 이익의 철학을 계승하는 성호학파星湖學派의 대표 학자였다. 남인 가문에서 태어난 권철신은 일찍이 과거시험을 포기하고 유교 경전에서 찾아내지 못한 답을 찾기 위해 방황하다 서학에 빠졌고,

결국 천주교에 투신했다.

이후 권철신은 경기도 광주의 천진암과 여주 앵자산에 있는 주어사走魚寺를 오가며 남인계 청년 학자들과 함께 '서학교리연구회'를 열어 서양의 철학, 수학, 물리, 종교 등을 연구했다. 이 자리엔 때때로 정약용도 참석하여 선배들의 대화를 듣고 궁금한 내용을 물어보는 등 열성적으로 참여했다.

어느 겨울날 천진암에서 서학교리연구회가 밤늦게까지 진행되고 있을 때, 어둠을 뚫고 이벽이 찾아왔다. 밖에 함박눈이 쏟아지고 있는지 온몸에 흰 눈을 뒤집어쓴 모습이었다. 그는 누구보다 교리에 밝은 이론가여서 참석자들에게 천주학에 관한 지식을 거침없이 전했다.

천진암은 조선 후기에 존재하던 작은 암자로, 그곳에 머물고 있던 스님들이 천주교도들에게 피신처로 제공했다. 그래서 나중에 대대적인 천주교 박해가 시작되었을 때 스님들이 여럿 희생되었다.

후에 남인 학자 중에 가장 연장자였던 권철신은 1800년 정조가 죽은 뒤 권력을 쥐게 된 정순왕후가 노론 세력과 손잡고 정치 전면에 나서면서 대대적인 천주교 박해를 벌이자 의금부로 잡혀갔다.

그는 66세라는 고령에 혹독한 고문을 받으면서도 조금도 고통을 내색하지 않고, 그렇다고 잘못을 시인하지도 않고 의연하게 의금부의 처분을 받아들였다. 권철신은 사형을 판결받고 처형을 당하기 전에 고문 후유증으로 죽고 말았다.

당대에 누구 못지않게 지식인이었던 이들은 서학 관련 서적을 학습하면서 천주의 존재나 인간 삶의 문제, 그리고 조선 사회의 병폐 등을 고민하다가 자신들의 학문적 갈증과 신앙을 더 깊고 넓게 만들어 줄 자료의 부족을 절감했고, 이러한 결핍이 그들로 하여금 더욱 서학에 몰입하게 했다.

혼맥과 학맥으로 얽힌 이들은 정약용의 삶에 직간접적으로 영향을 준 사람들로, 모두 오늘과는 다른 조선의 모습을 갈망하는 젊은 지성인들이었다. 엄혹한 시대를 살아야 했고, 대부분 천주교인이라는 이유로 죽음의 능선을 넘어야 했던 그들이 살아남았더라면 조선은 훨씬 더 빨리 개혁된 나라가 되었을 것이다.

벼슬길에
오르다

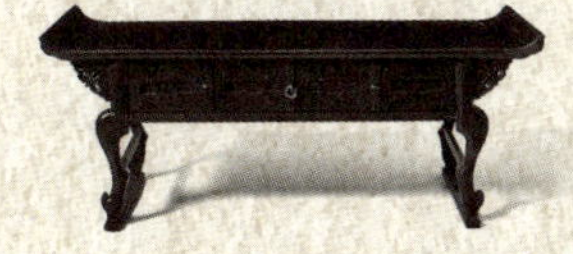

정약용은 성균관 유생으로서 매번 뛰어난 성적을 올렸지만 대과 합격이 많이 늦어져 주위 사람들의 애를 태웠다. 그가 스물여덟 살에야 대과에 급제한 이유는 남인 계열인 그가 너무 젊은 나이에 급제하면 노론들의 집중 견제를 받게 될까 우려한 정조가 의도적으로 급제를 늦췄다는 얘기가 있다.

성균관 유생이 되다

1781년, 스무 살이 된 정약용은 이제 본격적으로 과거시험에 대비한 과시科詩를 준비하기 시작했다. 과시란 과거시험에서 수과의 진사과 시험에 쓰이는, 한문으로 구성되는 특유의 시체詩體를 말한다.

소과는 세 차례 시험을 치르게 되는데 문장 해석과 시문 작성이 포함되었다. 반면에 대과는 사흘에 걸쳐 실시되고 문학, 역사, 철학, 경제 등 다양한 분야의 문헌에 대한 이해와 논술 능력을 요구했다.

과거시험은 한 단계씩 올라갈 때마다 살인적인 경쟁률에 난도가 매우 높아서 극소수 능력자만 합격할 수 있었다. 예를 들어 1800년(정조 24년)에 열린 과거시험에 응시자 수는 소과에만 11만 1,838명이었는데 이날 거둬들인 답안지는 3만 8,614장이었다. 7만 3천여 명이 답안지조차 제출하지 못했다는 얘기다.

과거시험은 3년마다 실시하는 정기 시험인 식년시^{式年試}와 국가에 경사가 있을 때 열리는 증광시^{增廣試} 같은 부정기 시험이 있었다. 식년이란 3년에 한 번씩 정기적으로 호적을 조사하는 시기를 말하는데, 이때를 기해 과거시험을 실시했다.

식년시와 증광시에는 모든 분야의 과거시험을 실시하지만 그밖에 별시^{別試}, 알성시^{謁聖試}, 정시^{庭試}, 춘당대시^{春塘臺試} 등 비정기 시험에는 문과와 무과만 실시되었다. 이 중에서 알성시는 왕이 문묘에 참배한 뒤 성균관 유생에게 제술 시험을 치게 하여 성적이 우수한 몇 사람만을 선발했다.

대과는 자기 의견을 얼마나 체계적이고 논리적으로 표현하느냐에 합격 여부가 갈렸다. 이런 시험 방식은 응시자의 독서량과 철학적 소양을 파악하는 것이자 자신의 지식을 얼마나 설득력 있게 전달할 수 있는지를 알아보는 것이었다. 가령 세종 때 출제된 문제는 다음과 같다.

> 우리나라에서는 백성을 호적하여 군사를 삼으니, 만일 급한 일이 있어 임시로 조발^{調發}하면 진퇴의 술법을 익히지 못하고, 온 집안이 군사로 나가면 농상의 업을 폐지하게 되니 어떻게 하면 병농^{兵農}이 생각한 바와 같이 잘되고 사졸^{士卒}이 정련할 수 있겠는가.

다음은 중종 때 출제된 문제이다.

술의 폐해는 아주 오래되었다. 그간 여러 훌륭한 임금님들
께서도 대대로 술을 경계하셨지만, 사람들의 술 마시는 폐
단이 더욱 심해져 술에 빠져 일을 하지 않는 사람도 있고,
술에 중독되어 품위를 망치는 사람도 있다. 흉년 때 금주령
을 내려도 민간에서 끊임없이 술을 빚어 곡식이 다 없어질
지경인데, 이를 해결하려면 어떻게 해야 하겠는가?

다음은 숙종이 출제한 문제이다.

울릉도는 멀리 동해에 있으며 강원도에 속한다. 요즘 왜인
들이 죽도라 부르면서 어로 활동을 허락해 달라고 요청하
는데, 아무리 우리 입장을 설명해도 소용이 없다. 그래서 장
수를 보내 점거해 지키면서 혼란을 만들지 않기 위해 왜인
들의 왕래를 허용하려고 하는데, 변방을 편안히 하고 나라
를 안정시킬 방도를 강구해 자세히 나타내도록 하라.

숙종 임금 때에도 독도 문제가 골칫거리였다는 사실이 흥
미롭다. 이렇듯이 다양한 분야에 걸쳐 출제되는 주관식 시험

문제를 보면 그 시절 응시자들의 능력을 짐작할 수 있고 조
선 왕조가 어떤 인재를 구하고 있었는지도 가늠할 수 있다.

1783년 봄, 스물두 살 정약용은 마침내 성균관 유생이 되
었다. 이제부터 훌륭한 스승님들의 가르침을 받아 열심히
공부하면 목표를 이루는 날도 그리 멀지 않을 것이다.

성균관의 입학 연령은 일반적으로 15세 이상이었다. 규
정은 그렇더라도 학문적 성취도와 신분 조건 등 다양한 요
인이 고려되기 때문에 대개 20대 초중반에 성균관 유생으로
입학하는 경우가 많고, 늦은 사람은 30대 중반도 있었다.

성균관은 유생들을 장차 나라의 기둥으로 양성하는 국립
고등교육기관으로, 그만큼 유생들의 자부심이 컸다. 하지만
그렇기에 더욱 엄격한 학습 분위기와 다양한 방식으로 유생
들의 학습 능력을 점검하는 과정을 거쳐야 했다. 여기다 근
태 관리가 칼같이 철저해서 조금의 나태도 용납되지 않았다.

유생들은 3년에 한 번씩 치르는 식년시 말고도 다양한 명
목의 과거시험에 응시할 수 있어 열심히 공부한다면 관리로
출세하는 길은 활짝 열려 있었다.

여기다 유생들은 기숙사 생활을 하면서 음식과 일체의 생
활필수품을 제공받는 관비생이었다. 수업료와 숙식비 일체
를 제공받는 국비 장학생이라는 뜻인데, 모든 것이 무료인

만큼 엄격한 통제가 뒤따랐다. 심지어 아침과 저녁 식사 때마다 식당에 비치된 '도기到記'에 서명하면 1점의 점수를 받았다. 한 끼라도 식사를 거르지 않도록 하는 배려도 있지만, 이렇게 300점을 얻으면 유생만이 응시할 수 있는 문과 초시에 참가할 자격을 준다는 면에서는 이 또한 공부를 독려하는 방법이었다.

정약용은 성균관에 입학하자마자 두각을 나타내기 시작했다. 제일 먼저 정조와 의빈 싱씨 사이에 태어난 분효세자의 세자 책봉을 경축하기 위한 증광시에 참석해서 오경五經에 등장하는 문장의 글 뜻을 해석하는 경의經義 초시에 합격하고, 다음에는 초시 합격자들만 치르는 회시에서 생원으로 합격했다.

시험이 끝나고, 정약용은 다른 합격자들과 함께 창덕궁 선정전宣政殿에 들어가 임금을 뵈었다. 임금께서 온화한 미소를 지으며 한 사람씩 이름과 나이를 물었다. 이것이 정조와 정약용의 첫 대면이었다.

1783년 9월, 정약용의 나이 스물두 살 때 큰아들 학연學淵이 태어났다. 정약용의 득남 소식에 아버지가 누구보다 기뻐하셨다. 2년 전에 딸이 태어났지만 닷새 만에 잃었기 때문에 기쁨이 두 배였다.

정약용의 성균관 생활은 바쁘게 이어졌다. 스물세 살 때, 성균관에서 향사례鄕射禮를 치렀다. 향사례란 일정 기간 수업을 받은 유생 중에 성적이 우수한 사람들을 임금에게 추천하면 이들을 모아놓고 시문을 짓고 활쏘기를 하는 의식이었다. 정약용의 활쏘기 실력은 그리 우수한 편이 아니어서 늘 정조의 놀림감이 되었다.

그날, 향사례 참가자는 100여 명이었는데, 임금께서 유생들에게 《중용中庸》의 조목 중에 '사칠이기四七理氣의 변'을 거론하면서 퇴계 이황 선생과 율곡 이이 선생이 논한 바의 차이를 물었다.

'사칠이기'는 원래 이황과 기대승奇大升 사이에 벌어졌던 사단칠정四端七情 및 이기理氣에 관한 논쟁에서 비롯되었다. 두 사람은 8년 동안 편지를 주고받으며 인간의 심성에 대한 이기론적 해석을 놓고 논쟁을 벌여 조선 성리학계에 크나큰 족적을 남겼다.

사단칠정이란 성리학에서 인간의 마음을 설명하는 용어로 사단은 네 가지 선한 마음, 즉 측은지심惻隱之心. 가엾게 여기는 마음, 수오지심羞惡之心. 부끄러워하는 마음, 사양지심辭讓之心. 남에게 베푸는 마음, 시비지심是非之心, 옳고 그름을 판단하는 마음을 가리킨다. 칠정은 일곱 가지 인간의 감정을 가리키며 희喜, 기쁨, 노怒, 노여움, 애哀, 슬픔, 구懼, 두려움, 애愛, 사랑, 오惡, 싫어함, 욕慾, 바람을 말한다.

성리학의 이론 중에 이기이원론理氣二元論과 이기일원론理氣一元論이 있다. 이기이원론은 모든 존재가 만물의 보편적 이치나 원리를 뜻하는 이理와 만물을 구성하는 물질적 요소나 현상인 기氣가 두 가지 요소로 분리되어 이루어졌다고 설명한다.

반면에 이기일원론은 이와 기는 분리되어 있시 않고 서로 연결되었다고 주장한다. 조선의 성리학에서는 원칙적으로 이기이원론을 수용했는데 두 가지 중에서도 퇴계는 이理를, 율곡은 기氣를 특히 강조했다.

이날 향사례에서 대부분의 유생이 퇴계의 논리가 옳다고 주장했지만 정약용만은 유독 율곡의 논리가 통하여 막힘이 없다고 주장했다. 이에 퇴계를 지지하는 유생들의 비판이 빗발쳤지만, 정약용은 묵묵한 미소를 지으며 잠자코 앉아 있을 뿐이었다. 며칠 후 임금께서 도승지에게 말했다.

"정약용의 문장은 일반 세속의 흐름에서 벗어나 오직 자기만의 마음으로 헤아렸으니 견해가 명확할 뿐만 아니라 그의 공정한 마음도 귀하게 여길 만하다. 마땅히 정약용의 문장을 으뜸으로 삼는다."

이에 앞서 정조는 사단칠정에 대한 논변과 도록圖錄 등을 모아 엮은 유학서 《사칠속편四七續編》을 찬술한 적이 있는데, 오로지 율곡의 설을 위주로 했었다. 정약용은 이것도 모르고 율곡의 변을 지지했다. 정조가 자신의 뜻과 통하는 논리를 펴낸 정약용을 눈여겨보기 시작한 것은 이때부터였을 것이다.

이벽과 이승훈

유생들에게는 한 달에 이틀씩 휴가가 주어졌다. 매월 8일과 23일로, 이날은 부모님을 찾아뵙거나 옷을 세탁하는 등 개인적인 용무를 보며 잠시 학업의 짐을 내려놓을 수 있었다.

1784년 4월, 마침 큰 형수(약현의 처)의 제사가 있어 고향에 내려갔다가 배를 타고 돌아오면서 이벽으로부터 천주교 교리에 관해 설명을 들었다. 이벽은 큰형수의 동생으로 제사에 함께 참석했었다.

그때까지는 이벽과의 만남이 정약용의 인생에 커다란 전환점이 될 줄을 미처 몰랐다. 천주교 교리의 최고 이론가인 이벽으로부터 천지창조의 기원이나 영혼과 육신, 인간 삶의 이치에 관한 설명을 듣고 정약용은 깊이 매료되었다. 정약용은 이를 계기로 천주교 관련 서적을 여러 권 탐독했고, 서학을 가까이하는 사람들과의 교류를 통해 더 다양한 지식을 얻기 시작했다.

이벽이 천주교를 만나게 된 것은 집안에 대대로 전해 내려오는 서학 관련 서적을 통해서였다고 한다. 그의 선조께서 병자호란 때 인질로 잡혀간 소현세자를 모셨는데, 귀국할 때 가져온 천주교 서적 중 일부가 집안에 남아 있었다. 그 책들은 중국을 떠날 때 예수회 선교사 아담 샬Adam Schall이 건넨 선물의 일부였다.

그 책들을 읽고 단숨에 천주의 세계에 빠져버린 이벽은 책에서 읽고 배운 대로 교리에 따라 살며 기도하고 묵상하기를 즐겼다. 이벽은 또한 중국으로 가는 상인이나 사신들을 통해 서양 학문과 천주학 책을 구해서 읽었고, 이따금 천진암으로 들어가 서학과 천주 교리 연구에 매달리기도 했다.

이 무렵은 조선에 외국의 각종 신식 기계와 전문 기술서, 이를테면 서양의 천문학과 수학의 원리를 설명하는 역상수리曆象數理와 농업과 관련한 농정수리農政水利, 일상생활에 필요한 각종 실용 도서가 쏟아져 들어왔다. 이때는 서양의 학문이나 신문명의 산물들이 조선에 유입되기 시작한 지 200여 년이 지났을 때로, 특히 당시는 청나라가 서양과 활발히 접촉하고 있어 조선에 서구 문물이 거침없이 전해지고 있었다.

이 무렵의 중국은 청나라 건륭제乾隆帝 시대로, 서양 선교사들의 궁정 출입을 허용하는 한편 중국 내에서의 선교 활동도 용납했다. 그래서 여러 명의 선교사가 중국으로 들어왔고, 이들을 따라 많은 외국 상인과 물품들이 유입되었다.

이때 천주교 관련 도서들이 조선에 다수 반입되었는데, 대표적으로 스페인 출신의 예수회 선교사 디에고 판토하Diego Pantoja가 지은 《칠극七克》이 있었다. 《천주실의》와 함께 우리나라 천주교 역사를 만드는 데 큰 역할을 한 《칠극》은 죄악의 근원이 되는 일곱 가지 뿌리인 칠죄종七罪宗 : 교만, 질투, 탐욕, 분노, 식탐, 음란, 나태을 극복하여 완덕完德의 길로 나아가는 방법을 소개한 일종의 천주교 윤리 수신서였다. 총 7권으로 구성되어 한 권에 하나씩 죄종을 다루면서 해당 죄목을 성찰한 후 그 죄의 극복 방법을 제시하고 있다.

그리고 얼마 뒤 우리나라 천주교 역사에 큰 업적을 남긴 인물이 등장했다. 1784년 1월, 정약용의 매형인 이승훈이 청나라로 가는 사절단의 일원이 된 아버지를 따라 북경에 가서 외국인 선교사 그라몽J. Grammont 신부로부터 조선인 최초로 세례를 받은 것이다. 이승훈의 세례명은 '베드로'로, 그의 나이 스물아홉 살 때였다.

북경에 머무는 동안 수학, 과학을 배우며 외국 문물에 대한 견문을 넓힌 이승훈은 조선에 돌아와 처음엔 남자 양반들을 대상으로 가톨릭을 전도하다가 점차 중인과 상인, 부녀자들에게도 전도의 발길을 넓혔다.

그러다 신자들이 함께 모여 예배드릴 공간의 필요성을 절감한 이승훈은 한양 남쪽 명례방明禮坊, 지금의 명동에 있는 역관 김범우金範禹의 집에서 '명례방공동체'를 운영하며 본격적인 선교 활동을 펼쳤다. 여기엔 이벽, 권일신, 최인길, 최창현, 이존창, 정약전, 정약용이 참석했고 얼마 안 가서 수십 명으로 늘어나 함께 예배를 드리거나 이승훈으로부터 세례를 받았다.

이때 정약용은 이승훈으로부터 '사도 요한'이라는 세례명을 받고 누구보다 충실한 신자가 되기로 다짐했다. 언젠가 이벽이 자세히 말해주었고, 지금은 더 선명하게 다가오는 천주교의 교리가 정약용을 사로잡은 것이다.

그러던 중에 누군가의 밀고로 이들의 비밀 예배 사실이 세상에 알려져 모두 형조刑曹에 끌려가게 되었다. 하지만 이

때는 중인中人 신분인 김범우만 투옥되고 다른 사람들은 모두 양반가의 자제들이어서 다시는 서학에 빠지지 않겠노라고 서약하고 훈계 방면되었다. 이로써 명례방공동체는 시작한 지 6개월 만에 와해되었다.

그 뒤 이승훈은 가족과 친척, 문중의 거센 추궁에 시달리자 이에 굴복하고 천주학을 배척하겠다는 반성문을 작성했다. 하지만 이승훈은 번민과 방황의 2년을 보낸 뒤에 마음을 고쳐먹고 천주교 조직의 재건에 힘쓰기 시작했다. 하늘로 쏘아 올린 화살처럼 이승훈에게 천주교를 향한 믿음은 돌이킬 수 없었다.

이들은 이렇게 돌아올 수 없는 강을 건너듯이 천주교에 깊이 빠져 갔지만, 당시 조선에서 가톨릭은 유학과는 정반대되는 교리 때문에 유림과 사대부들 사이에서 배척의 대상이 되고 있었다. 그것은 바로 양반이니 뭐니 하고 인간에게 계급을 매겨 나누는 것은 불가하다는 논리로, 달리 말해서 모든 인간은 평등하다는 것이었다.

조선은 반상班常의 계급이 명확하게 구분되는 신분제가 살아 있는 나라인데, 만인이 평등하다는 논리는 사대부 사회에서는 도저히 받아들여질 수 없었다.

더 심각한 문제는 천주교가 조상에 제사 지내는 행위를

금지한다는 것이었다. 우상 숭배를 금하는 교리에 어긋나기 때문이었다. 조상에 대한 제례 의식이야말로 유학의 기본이므로 천주교의 이러한 문제점은 조선 땅에서 언제라도 커다란 위기에 몰릴 가능성을 안고 있었다.

이것은 또한 정약용을 포함한 젊은 학자들이 천주교와 인연을 이어 가는 한 돌이킬 수 없는 늪에 빠질 위험성이 있다는 뜻이기도 했다. 그럼에도 20대의 정약용은 천주교에 밀착된 삶에서 벗어나지 못한 채 점점 더 깊이 빠져들고 있었다.

정약용은 장차 재상이 될 것이다

정약용은 성균관 유생으로서의 일상을 충실히 이어 나갔다. 스물네 살이던 1785년 2월 25일과 27일, 4월 16일, 연속해서 반제泮製에서 우수한 성적을 거두어 부상으로 종이와 붓을 하사받았다. 반제는 '반궁제술泮宮製述'의 줄임말로, 반궁은 성균관의 다른 이름이고 제술은 문장 능력을 겨루는 시험을 말한다.

성균관의 학업 평가와 과거의 시험 형식은 크게 고강考講과 제술로 나뉜다. 고강은 경서나 병서를 어느 정도 알고 풀이하는지 확인하는 것을 말한다.

제술의 평가는 12등급으로 했다. 맨 위에 상상上上, 상중上中, 상하上下가 있다. 그다음에 이상二上, 이중二中, 이하二下와 삼상三上, 삼중三中, 삼하三下, 그리고 차상次上, 차중次中, 차하次下가 있다. 여기에 갱更, 불不이라는 평가를 받으면 아예 점수가 없는 낙제였다.

그해 9월 28일에는 나라에 경사가 있을 때 열리는 정시庭試의 초시에 합격했다. 같은 해 10월 20일에는 다시 초시에 합격했고, 11월 30일에는 감제柑製의 초시에 합격했다. 감제란 제주도에서 특산물인 황감黃柑을 대궐에 진상하면 이를 성균관 유생들에게 나누어주고, 이를 기념하기 위해 시험을 치르는 것을 말한다.

이때쯤 정약용은 학업 성적이 뛰어난 유생으로 명성이 자자했다. 정약용은 과묵했지만, 성적은 주머니 속의 송곳처럼 튀어나와 자신의 이름을 알렸다. 어느 날 임금께서 정약용을 불러 대궐에 들어가니 그의 답안지를 스스로 읽게 하고는 무릎을 치며 칭찬했다.

"그대가 지은 것이 장원보다 못하지 않으나 다만 아직 때가 이르지 않았기 때문이다."

그날, 대궐에서 나오는 길에 승지 홍인호洪仁浩가 뒤따라오며 임금께서 하셨다는 말씀을 전해주었다.

"정약용은 장차 반드시 재상이 될 것이다."

일개 성균관 유생에 지나지 않는 정약용이 장래 반드시 재상이 될 거라 평하시는 임금의 말씀에 그는 몸 둘 바를 몰랐다. 임금께서는 대체 그의 무엇을 보고 그런 말씀을 하셨을까? 재상은 국왕의 옆에서 국정을 보좌하는 최고 책임자로, 일반적으로 좌의정, 우의정, 영의정 등을 말한다. 벼슬아치로서는 더 이상 오를 수 없는 그 귀한 자리가 장차 정약용의 것일 수 있다는 임금의 말씀에 그는 몸 둘 바를 몰랐다.

정약용은 장차 반드시 재상이 될 것이다. 임금께서 뱉은 말씀의 여파는 크고, 오래갔다. 홍인호가 이 말을 주위 사람들에게 전하고, 이 말이 다시 여러 사람의 입을 통해 전해지다가 마침내 성균관 유생들의 귀에도 들어갔다. 정약용이 공부를 잘하는 것이야 익히 아는 사실이지만 벌써 임금의 인정을 받는 인재가 되다니 많은 사람들이 손뼉을 쳤지만 전부 그런 것은 아니었다.

시기와 질투의 시선이 있었고, 냉소도 뒤따랐으며, 구석에서 정약용을 힐끗거리며 쑥덕이는 모습들이 늘어나게 되었다. 뭐라고 지껄이는 것일까. 이들의 싸늘한 눈길에 당황했지만 정약용은 더욱 품행을 단정히 하고 학업에 열중할 뿐이었다.

1786년 2월, 별시別試의 초시에 합격했다. 별시는 나라에 경축할 일이 있을 때 시행되는 시험으로 식년시와 구분하여 부정기적으로 실시된다.

그해 7월 29일에 둘째아들 학유學游가 태어났다. 학유는 형 학연처럼 과거시험을 외면하고 평생 글을 읽고 쓰는 문인으로 살아갔다. 아버지를 닮아 빼어난 문장을 여럿 남긴 학유는 특히 한 해 동안의 농사일과 계절에 따라 알아둬야 할 세시풍속이나 예의범절 등을 운문체로 기록한 〈농가월령가〉를 지어 농부들이 흥겹게 노래 부르며 일하도록 했다. 학유가 지은 농가월령가는 농사짓는 사람들의 입에서 입으로 전해져 조선 후기 국민가요가 되었다.

같은 해 8월 6일, 정약용은 도기의 초시에 합격했고 가을에 열린 도기에도 다시 초시에 합격했다. 그리고 겨울에는 제주도에서 공물로 바친 귤이 올라와서 유생들에게 시험을 보게 했는데 정약용이 수석을 차지했다. 이에 대궐에 들어가 임금을 뵙자, 이렇게 말씀하셨다.

"그대가 지은 글이 숙종 임금 때 여러 문인들의 문체와 흡사하여 요즘의 속된 문체에 빠지지 않았으니, 귀하게 여길 만하다. 다만 결실을 이루는 것이 늦어져 장차 속된 문체를 따를까 염려되니 다른 무리를 본받지 말라."

숙종 임금은 문화예술을 사랑한 감성적인 군주였다. 영조와 정조 시대에 실현된 문예부흥의 밑바탕에 숙종의 이러한 예술적 감성이 흐르고 있다고 말하는 역사가들도 많다.

숙종은 또한 조선의 임금 가운데 가장 많은 서화와 시문을 남긴 임금이기도 했다. 허적許積, 윤선도尹善道 등 여러 문인이 품격 높은 시문을 남긴 것도 이때였다. 정조는 숙종 때 번성했던 고담한 문체가 시대의 변화에 따라 변질되는 현상을 우려하며 정약용에게 이것을 특히 유의하라고 이른 것이다.

1786년 12월, 임금께서 춘당대春塘臺에 친히 나와 유생들과 식당에서 음식을 함께 들었다. 그런 후 유생들에게 식당의 명銘을 지어 보라고 했는데, 정약용이 수석을 차지하여《대전통편大典通編》1질을 하사받았다. 이때도 임금의 칭찬과 격려가 분에 넘칠 지경이었다. 명銘이란 식당의 현판에 글을 새겨 넣는다는 의미로, 정약용이 지은 이름이 당선작으로 뽑혔다는 뜻이다.

《대전통편》은 정조의 지시에 따라 편찬된 것으로, 1785

년에 《경국대전經國大典》, 《속대전續大典》 등의 각종 법령집을 통합해서 편찬한 조선 최초의 통일 법전이었다. 《대전통편》의 법령들은 1787년 1월 1일부터 본격적으로 시행될 예정인데, 이보다 먼저 정약용에게 내주었으니 이보다 큰 영광이 없었다.

1787년 2월에도 별시의 초시에 합격했다. 지난 1월과 다음 달인 3월에도 연달아 반제에 수석으로 뽑혔고, 그 밖에도 연이은 시험에서 매번 우수한 성적을 거두니 이제는 정약용이 뛰어난 성적을 거두지 않으면 모두 이상하다고 여길 지경이었다.

어느 날 밤 임금의 부름을 받고 창덕궁 성정각誠正閣에 들어가니, 임금께서는 아름다운 불빛이 휘황한 가운데 편한 옷차림으로 베개에 기대앉아 계셨다. 임금께서 정약용에게 시권試券, 역대 과거 응시자들의 답안지을 읽게 하고는 그의 목소리에 부채로 장단을 맞추며 연신 '좋다!' 하고 말씀하셨다.

임금께서는 또한 선대왕 시절에 높은 벼슬에 오르셨던 신하들의 행적에 대해 하문하셨고, 정약용이 예전에 책에서 읽은 내용을 떠올려 막힘없이 답변하자 기특하다며 《국조보감國朝寶鑑》 1질과 백면지白綿紙 100장을 하사하셨다. 《국조보감》은 조선시대 역대 왕들의 업적 가운데 선정善政만을 모아 후세의 왕들에게 교훈이 되도록 편찬한 역사책이었다.

1787년 8월 21일, 다시 반제에 수석으로 뽑혔다. 그리고 유생들이 임금 앞에서 경전을 강講하는 시험인 반시泮試에서 정약용이 다시 고등高等을 차지했다. 정약용이 이렇게 여러 차례 수석과 고등을 독차지하니, 어느 날 임금이 창덕궁 중희당重熙堂으로 들어와 마주할 것을 명했다. 임금께서 물었다.

"그대는 내게서 《당송팔자백송唐宋八字百選》을 받았는가?"

"받았습니다."

"《대전통편》을 받았는가?"

"받았습니다."

"《국조보감》을 받았는가?"

"받았습니다."

그러자 임금께서 말했다.

"규장각에서 인쇄한 서책을 모두 주었으니 더 이상 줄 책이 없구나."

이 날, 임금께서는 이야기가 대략 끝나자 내시에게 술을 가져오라 명했다. 임금께서는 내시가 가져온 삼중소주를 큼지막한 옥필통玉筆筒에 가득 넣어 그에게 하사하셨다. 옥필통은 크고 작은 붓을 넣어두는 옥으로 만든 필통이라 웬만한 대접보다 용량이 크고, 삼중소주는 세 번 증류한 소주라서 도수가 매우 높은 술이다.

정조는 평소에 술을 무척 좋아하는 애주가였지만 정약용은 정신이 흐트러지는 것을 염려해 술을 회피해 왔다. 정약용은 잠시 망설인 끝에 이 또한 어명이니 어쩔 수 없이 전부 마셨다.

잠시 후, 정약용이 몹시 취해 몸을 가누지 못하고 비틀거리자 임금께서 껄껄 웃으시며 내시감內寺監에게 데리고 나가 술이 깰 때까지 빈청에 머물게 하라고 했다. 한참 뒤 승지 홍인호가 잠에서 깬 정약용에게 책 한 권을 전하며 임금의 교지를 전했다.

"그대가 장수의 재주도 겸비하고 있음을 알기에 특별히 이 책을 내려주노라. 훗날 큰 도적떼가 나타나면 그대를 기용하여 출전시킬 것이다."

그 책은 조선의 종합 군사 훈련 교범인 《병학통兵學通》이었다. 1776년 형조판서 겸 지훈련원사知訓鍊院事로 있던 장지항張志恒이 편찬한 조선의 고유한 병서로, 오군영五軍營 창설 이래 지금까지 개발해 온 야외 훈련 진법들을 총망라하고 있었다.

같은 해 12월에 반제에 수석으로 뽑혔다. 임금께서는 항상 정약용의 답안에서 아주 잘된 부분에 비점批點을 찍곤 했다. 비점이란 시가나 문장을 비평할 때 잘된 곳에 둥그렇게 찍는 붉은 동그라미를 말한다. 그동안 정조께서는 그의 답안에 무수히 많은 비점을 찍어 왔는데, 이날만은 특별히 낮은 등급을 내리면서 이렇게 말했다.

"그대가 여러 번 응시하여 매번 수위를 차지하니, 꽃은 찬란히 피우지만 열매를 맺지 못할까 우려된다. 이 때문에 꽃을 거두고자 한다."

정약용은 임금의 말씀을 제대로 알아듣지 못하다 나중에야 어렴풋 짐작했다. 정약용이 대과 합격이 기대보다 늦어지다 보니 문인보다 무인으로 등용할 뜻이 있다는 의미였다. 지난 8월에 《병학통》을 하사한 것만 봐도 그러했다.

정약용은 가슴이 서늘해질 정도로 불안감을 느꼈다. 그는 평생 경전을 궁구하는 인문학자로 살아가고 싶지 무인은 한 번도 염두에 두지 않았기에 임금의 말씀을 의아해하며 자신의 장래에 걱정이 앞섰다.

반대파들의 비판 대상이 되다

어느 날 뜻밖의 일로 정약용이라는 이름이 남들의 입에 크게 오르내리는 일이 벌어졌다. 이기경李基慶이라는 자가 이승훈, 정약용 등이 성균관 근처의 은밀한 곳에서 천주교 서적을 학습한다고 의금부에 신고했다.

두 사람은 처남 매부지간이니 언제 어디서든 만나지 못할 이유가 없는데도 그동안 노론들은 걸핏하면 정약용에게서 천주교 냄새가 난다고 시비를 걸었다. 하지만 두 사람이 자주 만나 서학을 공부한 것도 사실이니 이기경의 신고가 전혀 근거 없는 것은 아니었다.

이기경 무리의 도발적인 언사에 전전긍긍하던 중에 다행히 임금께서 이기경의 신고를 단칼에 일축해서 한숨을 돌릴 수 있었다. 그렇더라도 이 일은 정약용이 천주교에 발을 담그고 있는 이상 노론 세력들이 내밀고 있는 의혹의 칼끝이 언제든 날카롭게 정약용을 향하고 있음을 알 수 있게 했다.

이기경은 원래 남인 출신이었다. 젊은 시절엔 이승훈이나 이벽과 가까이 지내며 그들이 즐겨 읽는 천주학 서적도 읽은 적이 있었다. 그러다 이기경은 점차 유학의 기본 이념과 가톨릭 사이에 큰 괴리가 있다는 사실을 깨닫고는 남인들과 등을 졌고, 그 뒤 천주교 배척의 선봉장이 되어 천주교라면 자다가도 벌떡 일어나 칼을 휘두르는 사람이 되었다.

천주교를 대하는 감정은 이기경처럼 단호히 배척하거나 이벽이나 이승훈처럼 가슴으로 받아들이는 것처럼 서로 달랐지만, 여기에 당파싸움이 개입된다는 게 문제였다. 나와 다르면 무조건 적대시하고 같은 편이면 어떤 허물도 감싸고 도는 당쟁 탓에 노론들에게 천주교는 남인 세력을 박살 낼 엄청난 무기가 되고 있었다.

당파싸움은 조선 중기부터 시작된 이래 피로 얼룩진 기록을 무수히 남기며 왕조가 바뀌어도 끊임없이 이어져 왔다. 당파싸움의 폐단을 잘 알았던 영조는 탕평책蕩平策을 펴서 당파를 가리지 않고 인재를 등용함으로써 표면적으로는 평화를 이루었다.

영조의 정책을 이어받은 정조도 즉위 초엔 할아버지가 그랬던 것처럼 힘의 균형을 맞추기 위해 노론과 소론을 넘나들기 위해 애를 썼다. 하지만 아직은 강력한 왕권을 발휘할 수 없는 상황에서 오랫동안 이어져 온 붕당 정치의 폐단을 넘어서기는 어려웠다. 이에 정조는 왕권을 강화하기 위해 남인 세력과 손을 잡았고, 이때 남인 시파時派들이 정권의 중심에 들어섰다.

시파라는 이름은 정조가 지휘하는 정치적 결정에 편승한다는 뜻에서 붙여졌다. 반면에 정조의 정책에 반대하면서 영조 시대 노론의 정치 이념을 계승하기 위해 궁벽하게 의리를 지키겠다는 소신이 있는 이들은 스스로를 벽파僻派라 불렀다.

시파와 벽파는 영조 때 사도세자의 폐위와 사사賜死를 둘러싸고 갈라졌다. 시파는 억울하게 죽게 된 사도세자를 동정하며 영조의 명령에 반대하는 입장을 견지한 남인들이었고, 벽파는 아들에 대한 영조의 분노를 부추기며 자신들의 정치적 위치를 확보하려 했던 세력으로 대부분 노론이었다.

이들은 천주교에 대해서도 완전히 상반된 태도를 보였다. 남인 시파는 정조가 천주교에 대해 언젠가는 저절로 사그라질 바람이라고 여기며 관대한 정책을 펴는 것을 지지했다. 정조는 천주교를 통해 새로운 문명을 배우는 것을 용인했는데, 이는 서학이 언젠가는 스스로의 한계성을 드러내어 더 크게 확장되지 않을 것이라 믿었기 때문이다. 정조는 이렇게 단언했다.

"정학正學. 유학이 밝아지면 사학邪學. 천주교은 저절로 종식될 것이다."

정조는 스스로 천주교를 주자학에 반대되는 사학邪學이라 규정했음에도 이런 판단에 따라 천주교를 온건하게 취급했다. 그러나 노론 벽파는 정조에게 지속적으로 천주교의 위험성을 알리며 그들을 처단하지 않으면 언젠가는 나라를 망치는 화근이 될 것이라고 주장했다.

당시 정조의 정책을 강력히 뒷받침하는 남인 세력의 우두머리는 채제공이었다. 그는 영조 후기부터 정조 시대 전부를 통틀어 남인의 영수로 활약해 온 정조의 오른팔이었다. 더구나 채제공은 사도세자의 스승이었고, 마지막 순간까지 사도세자의 죽음을 제지하려고 애썼던 충신이었다.

채제공은 사도세자가 죽은 후에는 세손의 최측근이 되었고, 세손이 임금이 된 후에는 당파를 초월하여 국정을 안정시키는 데 온 힘을 기울였다. 한편으로 채제공은 젊고 역량 있는 남인 계열 정치인들의 후견인이 되어 물심양면으로 노왔다.

당시 남인 세력과 맞선 노론의 우두머리는 김종수金鍾秀로, 정조가 즉위한 후에 좌의정까지 오른 거물이었다. 그리고 노론을 대표하는 또 한 사람으로 심환지沈煥之가 있었다.

두 사람 중에서도 벽파의 선봉장 역할을 했던 심환지는 남인 세력과 사사건건 대립하고, 정조의 정책도 날 선 비판과 공격을 퍼부었다. 그는 또한 천주교에 대한 반대 의사를 분명히 하여 정조 임금이 사망한 뒤에 일어난 천주교 박해 사건을 통해 권철신, 이가환, 정약용, 정약전 등 남인 시파를 정치적으로 제거하는 데 앞장섰다.

그런데 2009년 2월에 심환지와 정조가 나누었던 비밀 편지 모음이 발견됨으로써 이제까지 알려지지 않았던 새로운 사실이 밝혀졌다.

편지에 따르면, 정조는 그를 싫어하면서도 중요한 현안이 있을 때마다 비밀리에 편지로 상의했으며, 때로는 서로 짜고 정책을 추진할 정도로 소통한 것으로 알려졌다. 이 같은 모습은 정적의 우두머리와도 소통한 정조의 정치력이 돋보이는 대목이다. 그런 관계였음에도 심환지는 순조가 즉위한 후에는 정조가 열성을 다해 추진하던 정책을 전부 파기해버리고 원상 복구하는 등 본래의 정치 색깔을 보여주었다.

마침내 과거에 급제하다

1789년 1월, 정약용의 나이 스물여덟이 되었다. 이제 뭔가 결실을 맺을 때였다. 그간 각종 시험에서 우수한 성적을 거두고 상도 많이 받았지만 어서 대과에 급제하여 성균관 생활에 마침표를 찍어야 했다. 어느 날 희정당에서 임금을 뵈었다.

"그대는 초시를 몇 번이나 보았는가?"

"회시會試를 보지 못한 것이 세 번입니다."

회시는 초시를 끝내고 다음 단계의 시험을 말한다. 몇 달

후, 다시 반제에 합격하고 희정당에서 임금을 뵈었다. 임금이 정약용에게 앞으로 나오라 하고는 한동안 아무 말도 하지 않다가 문득 이렇게 물었다.

"그동안 초시를 몇 번이나 보았는가?"

"네 번입니다."

초시에서 한결같이 우수한 성적을 거두고도 다음 단계로 나가지 못하는 정약용을 보며 한참 침묵을 지키다가 임금께서 다시 말씀하셨다.

"그렇게 해서 어떻게 급세하겠는가? 이만 물러가라."

임금께서는 아마도 정약용이 오랫동안 대과에 급제하지 못하자 이를 안타깝게 여긴 것 같았다. 임금뿐만 아니라 주변의 지인들 모두가 그렇게 생각하고 있었다. 특히 부모님과 형님들은 어린 시절부터 성균관에 이르기까지 그의 빼어난 성적을 알기에 과거시험에 빨리 급제하기를 노심초사하며 기다리고 있었다.

하지만 조선시대 과거시험 합격자 평균연령은 생원과 진사 시험은 34.5세, 문과의 대과는 36.4세로서 혼인 연령이 낮은 조선 사회에서 결코 적잖은 나이였다. 그나마도 조선 후기로 갈수록 인구 증가와 함께 과거시험 응시자도 점점 늘어나 경쟁률이 더욱 치열해진 나머지 40줄, 50줄을 넘어서 급제하는 경우도 다반사였다.

상황이 이러니 아직 스물여덟인 정약용에게 실망하는 것은 무리였다. 통상적인 사례로 본다면 적어도 5,6년은 더 공부해야 급제가 가능할 일이었다. 그럼에도 왜 많은 사람들이 그의 급제를 재촉하는 것일까?

그동안 그가 보여 온 출중한 능력 때문이었다. 뛰어난 학습 능력으로 거의 모든 시험에서 탁월한 성적을 올려 왔으니 그가 대과에 급제하기를 바라는 것은 당연한 일이었다. 게다가 정약용의 바른 인성에 솔직하고 곧은 심성을 생각한다면 오래전에 급제했어야 옳았다.

그러나 주위 사람들의 이런 기대에도 정약용은 흔들리지 않았다. 결코 조급할 일이 아니었다. 자신의 계획대로 한 걸음씩 걸어 나가다 보면 언젠가는 목표를 이룰 테고, 그것은 그간의 노력에 대한 당연한 보상일 터였다.

오래 기다리지 않아도 되었다. 1789년 스물여덟의 봄에 열린 도기에 합격하고, 3월에도 다시 한번 전시에 나가 갑과甲科 3등의 예로써 7품관에 붙여져서 희릉직장禧陵直長에 제수되었다.

그 뒤 정약용은 대신들의 품의로 규장각의 초계문신抄啓文臣으로 발탁되었다. 초계문신 제도는 37세 이하의 젊은 관리를 선발하여 규장각에서 위탁교육을 시키는 인재 양성 제도로, 정조는 과시의 성적이 우수한 젊은이들을 뽑아 자신의 친위 세력으로 키우기 위해 이 제도를 만들었다.

정약용은 이 해에 문신에 부과되는 각종 시험에 수석을 차지한 것이 다섯 차례였고, 수석에 버금한 것이 여덟 번이어서 상을 하사받은 것이 아주 많았다. 그리고 얼마 뒤 마침내 정약용은 식년시 분과에 갑과 2등에 올라 마침내 대과를 통과했다.

문과의 경우 갑과는 3명, 을과는 7명, 병과는 23명을 선발하는데 갑과의 1등을 장원 급제라 불렀고, 차석은 아원亞元, 3등은 탐화探花라 불렀다. 최종 33명 중 2등으로 합격했으니 결코 나쁜 성적이 아님에도 많은 사람들이 장원 급제가 아닌 것을 아쉬워했다.

정약용의 대과 합격이 생각보다 늦어진 이유는 남인 출신인 그가 너무 젊은 나이에 급제하면 노론의 집중 견제를 받게 될까 우려한 정조 임금이 의도적으로 천천히 급제시켰다는 설이 있다. 이런 이야기가 나돈 것은 정약용의 대과 합격이 너무 늦은 데다 누구나 기대했던 장원 급제를 하지 못했기 때문에 생긴 것이 아닌가 짐작된다.

그해 겨울, 정약용이 어명에 따라 처음 맡은 일은 한강에 주교舟橋를 설치하는 공사에 대한 규제規制를 만들어 내는 일이었다. 주교란 작은 배를 줄줄이 엮어 강을 건널 수 있게 만든 물에 떠 있는 다리를 말하고, 규제란 주교의 설계와 건축의 기본 기획안을 말한다.

조선시대까지는 큰 하천을 건너는 다리가 없어 배를 타야 했고, 그렇기에 한꺼번에 많은 사람이 건너거나 다량의 물품이 건너야 할 때는 시간이 너무 많이 걸렸다. 특히 한강은 강폭이 넓고 수심이 깊어 강남과 강북을 배로 왕래하는 데 어려움이 많았다.

효심이 지극했던 정조는 경기도 양주 배봉산에 있는 아버지 사도세자의 능陵을 화성으로 이장하여 융릉隆陵으로 조성하려 했다. 이번에 정조는 직접 화성까지 가기 위해 한강에 주교를 가설하고자 했다.

임금이 많은 신하들과 함께 한강을 건너려면 강북과 강남의 나루에 다수의 선박을 동원해 나란히 연결한 후 그 위에 널찍한 널빤지를 깔아 만든 배다리를 연결하여 건너게 된다.

특히 이번에는 화성으로의 능행이니 행렬의 규모가 예전

과 달랐다. 정조는 이번에는 별도로 주교사舟橋司를 설치하고, 70칸에 이르는 거대한 창고를 지어 배다리 건설에 필요한 자재와 장비를 보관토록 했다.

그리하여 한강에 장관이 펼쳐졌다. 설계 작업에 참여한 정약용은 중국과 조선의 관련 서적들을 참조하고, 자신의 역량을 총동원하여 이제까지 볼 수 없던 엄청난 크기의 배다리를 완성했다.

80여 척의 선박을 동원하여 한강 북쪽의 용산 나루에서 남쪽의 노량 나루로 이어지는 완벽한 형태의 배다리였다. 이후 정조는 온양온천과 선릉, 정릉, 장릉에 갈 때 노량진에 배다리를 놓았고 헌릉, 영릉에 갈 때는 광나루에 배다리를 놓았다.

유학자이기 전에 한 사람의 실학자로서, 주교 작업은 정약용의 과학적이고 실용적인 지식이 실제 사회 문제에 성공적으로 적용된 사례로 평가된다. 고작 20대 후반에 불과한 신입 관리 정약용이 이뤄낸 결과물에 많은 신하들이 지위 고하를 막론하고 놀라워했고, 이 일로 정약용이라는 이름 석 자가 크게 알려졌다.

특히 정조는 젊은 정약용의 뛰어난 추진력에 꼼꼼한 일

처리를 눈여겨보며 흐뭇한 미소를 지었다. 어느 것 하나 빠지지 않는 능력도 그렇지만, 정조를 더 기쁘게 하는 것은 정약용의 겸손한 자세였다. 작고 하찮은 일을 해내고도 어깨에 힘을 주며 뻐기는 자들이 수두룩한 대궐에서 그처럼 겸양의 미덕을 갖기란 쉬운 일이 아니었다. 그렇지 않아도 정약용을 신임하는 정조는 이 일을 계기로 한층 더 정약용의 능력과 품성에 대해 믿음을 갖게 되었다.

정약용이 이 일을 성공리에 해내자, 정조는 《주교지남舟橋指南》이라는 책을 직접 저술하기도 했다. 이 책은 배다리를 설치할 때의 나룻길 선택, 배의 배치 방법 등 배다리 건설에 관한 구체적인 진척 방안을 담고 있다.

3

백성은
가난보다
불공정에
더
분노한다

노론들은 끝까지 정약용을 믿지 않았다. 믿기는커녕 땅 끝까지 밀어붙이겠다는 듯이 완강했다. 임금이 아무리 신임해도, 정약용이 일벌레처럼 나랏일에 열중해도, 그들은 정약용의 몸에 새겨진 천주교라는 화인(火印)을 눈감아줄 생각이 전혀 없었다. 그렇다면 어찌해야 하는가. 답은 분명하고 간단했다.

시작부터 요란했던 벼슬생활

1790년 2월, 정약용이 한림회권翰林會圈 후보에 선발되었다. 한림회권이란 한림(홍문관의 다른 이름)의 벼슬에 오를 만한 자를 선발할 때, 전임자들이 모여 선출될 사람의 이름에 낙점하는 것을 말한다. 최종 합격자는 정9품 예문관 검열檢閱에 오른다.

여섯 명이 선발되었는데, 여기에 정약용도 포함되었다. 당연한 일이었다. 대대로 홍문관 벼슬을 한 가문의 자제로서 성균관 유생 시절 성적은 물론 과거시험 성적 또한 우수했으니 그를 선발한 것은 예상된 결과였다.

최종 후보자 여섯 명은 한림소시翰林召試라는 특별 시험을 치르게 되는데 이때는 시詩, 론論, 부賦, 책문責問 등의 과정을 거쳐 최종 합격자가 결정되었다.

부賦는 글쓴이의 생각이나 눈앞의 경치 등을 있는 그대로 드러내 보이는 한문 문체로, 그 사람의 문장 능력을 점검할 수 있는 시험이었다. 책문이란 임금과 신하가 정치 사회의 현안에 대해 대책을 묻고 답하는 것을 말한다. 이때는 법의 폐단을 개선하는 방법, 민심의 안정과 올바른 교육 방향, 국가적 위기의 타개책, 더 나아가 임금을 비롯한 정치 지도자들의 리더십에 이르기까지 국정의 현안을 놓고 문답을 나눈다.

그런데 문제가 생겼다. 어느 대간臺諫이 이들 여섯 명에 대해 그들의 실제 능력과는 관계없이 남인 출신만 선발되었다고 항의했다. 이는 전혀 사실이 아니기에 정약용을 비롯한 여섯 명은 명예를 더럽혔다고 분노하며 최종 시험을 거부하는 것으로 대응했다. 이제 막 과거에 급제한 그들은 누구보다 자부심이 강하고 혈기 왕성했기에 불의한 일을 당하고 참을 수 없었다.

이런 상황을 보고받은 정조는 대간의 항의를 일축하고는 여섯 명 모두를 시험장에 가둬놓고 강제로 시험을 치르게 하는 초강수로 맞섰다. 그들은 어쩔 수 없이 각자 답안지를 올릴 수밖에 없었다.

이런 과정을 거쳐 정약용과 김이교金履喬 두 사람이 선발되었고, 이튿날 정조가 최종적으로 정약용을 한림에 단독 임명했다. 그러나 그것으로 끝이 아니었다.

　정작 정약용은 이의를 제기 받고도 자리에 연연하는 것은 옳지 않다며 두 번이나 사직 상소를 올렸다. 정조까지 나서서 설득했지만, 정약용은 소신을 굽히지 않았다. 이에 정조는 어명에 불복한 죄를 물어 충청도 해미현^{海美縣}으로 귀양을 명했다. 본격적으로 벼슬 생활을 시작하기도 전에 유배부터 떠나게 된 것이다.

　하지만 정약용은 해미현에 도착한 지 사흘 만에, 정확히는 유배 명령을 받은 지 열흘 만에 용서를 받고 풀려났다. 앞길이 구만리 같은 정약용을 시골구석에 방치할 수 없다는 임금의 결단이었다. 1790년 3월, 그의 나이 스물아홉 살 때의 일이었다.

　정약용은 귀양을 마치고 돌아오는 길에 잠시 온양온천에 들렀다. 온천물에 몸을 담근 후, 온천 관리인을 불러 1760년(영조 36년) 7월에 영조와 사도세자가 이곳에 함께 왔을 때의 행적을 물었다. 그때는 사도세자가 스물여섯 살로, 죽기 2년 전의 일이었다. 정약용의 물음에 그가 소상히 말해주었다.

　"그때 세자께서 행궁에 머물렀는데, 세자를 호위하던 금군^{禁軍}의 말들이 인근의 수박밭을 짓밟아 피해가 막심했습니</sup>

다. 세자께서 그 사실을 알고는 수박값을 후하게 배상하시고, 수박은 금군에게 나누어주어 마을 노인들이 세자의 배려에 감탄했습니다. 그 뒤 세자께서 온천의 서쪽 담장 아래에 단(壇)을 쌓아 과녁을 세우고 다섯 발의 화살을 쏘시고는 무척 상쾌하다고 말씀하셨습니다. 세자께서는 단과 과녁을 세운 그곳을 손질하게 하고 홰나무 한 그루를 심으셨습니다.”

홰나무는 그때까지 살아 있었지만 주변은 칡덩굴이 얽혀 있고 기왓장과 오물이 가득 쌓여 있어 두엄더미나 다름없었다. 오랫동안 방치했던 것이다. 이에 정약용이 크게 노하여 말했다.

“세자께서 손수 심으신 나무인데, 어찌 이렇게 주변을 더럽힐 수 있느냐?”

“저희도 관아에 주변을 정리하게 해달라고 청했지만 외려 꾸짖고 외면하니 어떻게 하겠습니까?”

“돌로 둘레를 쌓고 주변의 풀을 뽑는 간단한 일인데 그것마저 외면한단 말이냐. 내가 돌아간 뒤에 반드시 관아에 알려라.”

정약용이 떠나자, 관리인이 관아로 달려가 정T 한림이 이곳을 지나가다 홰나무 주변을 보고 엄하게 힐책했다고 고했다. 그러자 관아에서는 쌀 2가마니를 내주며 풀을 뽑고 돌을 모아 둘레에 차곡차곡 세우게 했다.

그 뒤 충청도 관찰사가 이 일을 알고 임금에게 아뢰니, 임금께서는 이곳에 '영괴대靈槐臺'라는 비를 세우고 사적을 기록하라고 지시했다. 영괴대는 지금까지 온양온천 부근에 잘 보존되어 있다.

대궐로 돌아와 예문관 검열로 복귀한 지 얼마 뒤에 용양위龍驤衛의 종6품 부사과副司果에 임명되었다. 용양위란 중앙 군사 조직의 근간이었던 오위五衛의 하나로, 조선 초부터 존재해 온 중앙 군사 조직이었다.

오위는 용양위 외에 의흥위義興衛, 호분위虎賁衛, 충좌위忠佐衛, 충무위忠武衛로 구성되는데, 이것은 정조가 즉위한 지 얼마 안 가서 국왕의 호위를 전담하는 친위부대인 장용영壯勇營으로 재편성했다.

정조가 친위부대 설치에 주력한 데는 그럴 만한 이유가 있었다. 1777년(정조 1년) 7월, 임금께서 처소인 존현각尊賢閣에 들어 독서하던 중에 무장한 무리가 궁궐에 잠입하여 임금의 시해를 시도한 사건이 일어났었다.

사건을 일으킨 주범은 홍상범洪相範으로, 정조가 아버지 사도세자의 죽음에 연루된 그의 아버지 홍지해洪趾海를 귀양보내는 등 노론 세력을 멀리하자 이에 앙심을 품고 임금을 시해하려는 계획을 세웠다. 이들은 정조를 죽이고 사도세자의 서자이자 정조와 이복형제인 은전군恩全君을 옹립하려고 이런 끔찍한 역모를 꾸민 것이었다. 이 사건을 계기로 경희궁에서 머물던 정조는 창덕궁을 수리하고 이어移御하게 되었고, 호위부대인 숙위소宿衛所를 설치하고 그 뒤 장용영을 설치했다.

정조가 이렇게 군사 조직을 강화한 데는 또 다른 이유가 있었다. 1592년의 임진왜란과 5년 뒤의 정유재란 이후 오랫동안 외세의 침입이 없는 가운데 태평한 시대가 이어지자, 조선 사회가 점차 무武를 멀리하고 문文에 빠지는 현상을 보여 왔다. 정조는 이를 경계하고 국방을 튼튼히 하기 위해 군사력을 키우고자 했다.

그러나 이러한 계획은 1800년 정조가 갑자기 승하하자 뒤를 이은 순조 임금에 의해 여지없이 폐지되고 말았다. 정조가 장용영을 설치한 또 다른 이유가 왕권 강화였는데, 어린 순조 임금을 둘러싼 안동 김씨 세도정치 세력들은 그 필요성을 부정했던 것이다. 역사가들은 이때의 결정이 결국 이후의 외세 침탈과 조선의 몰락을 재촉한 원인으로 판단한다.

공평무사한 업무 처리

1787년(정조 11년) 10월경, 정약용은 반촌에 있는 김석태 金錫泰의 집에서 이승훈, 강이원 등과 천주교 서적을 연구하고 토론했다. 은밀한 일이었지만, 이 사실은 삽시간에 이기경의 귀에 들어가고, 그가 이를 홍낙안洪樂安에게 알리자 천주교를 배척하는 척사유생斥邪儒生들의 상소가 잇따랐다.

이 때문에 당사자들에게 직접적인 처벌이 내려지지 않았지만, 조정에서는 천주학 도서의 도입과 유포가 문제 되어 대신들이 긴급히 모여 그 폐해에 대해 논의하였다. 그리고 이듬해 8월에 서학에 대한 엄벌을 청하는 상소가 빗발치자, 정조는 천주교를 사교邪敎로 규정하고 금령禁令을 내리면서 전국에 천주교 관련 서적을 색출, 소각하는 조처를 내렸다.

이런 상황에서 서른 살 정약용은 정6품 사간원 정언正言에 제수되었다. 1791년 5월이었다. 사간원은 국왕의 잘못된 정책을 비판하고 시정을 요구함으로써 절대 왕권을 견제하는 역할을 하는 기관이다. 이를 간쟁諫爭이라 하는데, 임금의 언행에 잘못이 있을 경우 이를 바로잡기 위해 언관言官으로서 비판과 직언을 하는 것이다.

10월에는 사헌부 지평持平으로 옮겼다. 사헌부는 관리들에 대한 감사와 탄핵을 담당하는 관청으로, 특히 지평은 정5품으로 이조의 전랑銓郞과 함께 실력 있는 젊은 관리들이 반드시 거치는 직책이었다. 이를 보아 정약용이 본격적으로 조정의 중심적인 위치로 진입하고 있음을 알 수 있다.

정약용이 사헌부 지평으로 있을 때 훈련원 무과 시험을 감찰한 적이 있다. 여기서 그는 시험에 상당한 부정행위가 만연하고 있음을 발견했다. 감독관들이 평안도나 함경도 같은 변방에서 온 무사들의 시험 성적이 우수하면 의도적으로 고대 중국의 병서兵書 중에서 난해한 내용을 강론하게 하여 끝내 낙방시키고, 한양을 비롯한 다른 지방의 자제들에겐 무예 시험도 대충대충 건너뛰고 필기시험에는 쉬운 문제를 내는 행위를 목격했던 것이다.

이에 격노한 정약용은 즉시 상소용 종이를 가져오게 했다. 정약용이 뭔가를 거침없이 써내려가자 감독관이 달려와서 왜 그러냐고 물었다. 이에 정약용이 훈련원에서 벌어지는 부정행위들을 임금께 상소하여 바로잡겠다고 하자, 감독관은 하얗게 질려서 납작 엎드려 사죄하고는 그때부터 실력 있는 변방의 자제들을 많이 합격시켰다.

우리나라 최초의 천주교 박해사건

1791년 5월(정조 15년), 우리 역사상 최초로 기록되는 천주교 박해 사건이 일어났다. 전라도 진산珍山에 사는 윤지충尹持忠이 모친상을 당했는데, 독실한 천주교 신자로서 교리를 지키기 위해 제사를 지내지 않기로 하고 외사촌 권상연과 함께 신주神主, 망자의 위패를 불태우고 천주교 의식으로 상을 치렀다.

이런 소문이 나자, 유림이 들고일어났다. 이런 만행은 조선 사회에서 절대 용납할 수 없는 일이기에 유림은 윤지충을 관가에 고발하며 극형에 처할 것을 요구했다.

이 일이 조정에 알려지자 목만중睦萬中, 홍낙안洪樂安 등 천주교를 반대하는 노론 벽파들이 벌떼처럼 들고일어났다. 유림의 상소가 대궐에 쏟아지는 가운데 윤지충을 어서 죽여야 한다는 노론 벽파 등의 목소리가 대궐 안을 가득 메웠다.

결국 윤지충과 권상연은 죽임을 당하고, 이로써 그는 우리나라 최초의 천주교 순교자가 되었다. 이를 신해년辛亥年에 일어난 일이기에 신해사옥辛亥邪獄, 또는 신해박해辛亥迫害라 부른다.

신해박해는 진산사건을 일으킨 두 사람을 처벌하는 것에서 그치지 않았다. 권일신, 이승훈 등이 의금부에 불려 가 호된 문초를 받았다. 그 결과 이승훈은 혹독한 고문 끝에 삭탈관직을 당했고, 권일신은 배교하겠다는 반성문을 바치고 감형을 받아 충청도 예산으로 귀양을 갔다가 1년 후에 고문 후유증으로 죽고 말았다.

권일신은 권철신의 동생이자 《동사강목東史綱目》을 지은 역사학자이자 실학자였던 안정복安鼎福의 사위였다. 당대 제일의 천재 소리를 듣던 형만큼이나 똑똑했던 아우의 부음을 듣고, 권철신은 슬픔에 빠져 10년 동안 집 밖으로 나가지 않았다고 한다.

그런데 신해사옥에는 더 심각한 문제가 숨어 있었다. 윤지충이 해남 윤씨 집안의 후손으로 정약용의 어머니가 윤지충의 고모였던 것이다. 윤지충과 정약용이 고종사촌 사이라는 사실을 확인한 노론 벽파 세력들은 펄쩍 뛰며 좋아했다. 특히 이기경은 이 일을 계기로 반드시 정약용을 죽이겠다며 설쳐댔다. 이때 공서파들이 올린 상소문은 이러했다.

"총명하고 재주 있는 벼슬아치와 유생들 가운데 10 중 7,8은 모두 서학에 빠져 있으니, 이들로 인해 장차 홍건적紅巾賊의 난이나 백련교도白蓮敎徒와 같은 난리가 일어날 것입니다."

이들이 가리키는 '총명하고 재주 있는 벼슬아치'는 남인 출신 젊은 학자들, 그중에서도 정약용이 분명했다. 그들은 홍건적의 난을 통해 원나라를 무너뜨리고 명나라를 세운 주원장朱元璋이 백련교도 출신으로서 중국을 통일했다는 점을 들어 천주교인들도 백련교도처럼 국가 안위에 커다란 위협이 될 것이라고 주장했고, 정약용이 맨 앞에 서 있다고 단언했다.

그러나 정약용에 대한 혐오와 증오가 뒤섞인 그들의 목소리는 정조의 단호한 일축으로 수면 아래로 가라앉을 수밖에 없었다. 정조는 그들의 말을 신뢰하지 않았을뿐더러 정약용을 결코 내쳐서는 안 될 인재라고 보았다.

그렇더라도 신해사옥을 계기로 천주교는 조선 왕소의 숙제로 떠올랐다. 억불숭유抑佛崇儒의 이념 위에 건국된 조선에서 조상에 대한 제사를 거부하는 교리는 절대로 받아들일 수 없었다.

정치 중심에 있는 조선의 유교 원리주의자들은 성리학을 신줏단지 모시듯 껴안고 다른 종교와 사상은 오랑캐들의 미신이라며 배척했다. 그들은 천주교를 따르는 자들은 단순히 배척으로 끝나지 않고 무조건 죽여야 한다는 논리에 갇혀 다른 무엇과도 타협하지 않았다.

돌아보면 윤지충 사건은 정약용의 인생에도 커다란 고비가 되는 사건이었다. 이 일을 계기로 정약용은 유학의 나라 조선에서 천주교가 가지는 한계에 대해 고민하기 시작했다. 천주교가 그에게 주는 매력이 아무리 커도 유학의 울타리를 벗어날 수는 없는 일이었다. 더구나 임금께서 연전에 천주교를 사교邪敎라 규정하며 금지하는 판에 더 이상 인연을 맺어가는 일은 멈춰야 할 때라고 결론지었다.

이벽을 만나 천주교의 교리를 듣고 단숨에 매료된 날로부터 지금까지, 이승훈에게서 '사도 요한'이라는 세례명을 받고 한없이 기뻐하던 날로부터 지금까지, 모두 함께 예배하고 기도하면서 마음 밑바닥까지 안정을 느끼던 때로부터 지금까지 가슴에 꽉 들어차 있던 절대자 천주님을 이제는 떠나보낼 때가 왔다고 생각했다.

윤지충 사건으로 한 차례 홍역을 치른 정약용은 나랏일에 열중하는 것으로 시름을 달랬다. 1791년 겨울에는 임금의 명에 따라 〈시경의詩經義〉 800여 조를 지어 올렸다. 정약용이 활쏘기 시합에서 저조한 성적을 거두자, 임금께서는 북영北營, 훈련도감의 사령부에서 숙직하는 벌을 내리며 시경에 관한 800여 개 조목에 답하라는 명을 내린 것이다, 며칠 후, 정조는 정약용이 제출한 글을 보고 이렇게 칭찬했다.

"널리 백가百家를 인용하여 문장으로 표현해 놓은 것이 무궁하니, 평소 학문이 축적되어 해박한 사람이 아니라면 어찌 이같이 훌륭하게 지을 수 있겠는가?"

이보다 더한 극찬이 있을까. 정약용의 나이 이제 고작 서른인데, 임금의 찬사가 분에 넘칠 정도여서 저절로 고개가 숙여졌다. 임금의 칭찬은 여기서 그치지 않았다. 어느 날은 임금께서 세심대洗心臺에 행차하여 신하들과 활쏘기를 한 후에 술을 나눠 마시고는 직접 시를 짓고, 신하들에게 화답하는 시를 짓게 했다. 한참 흥이 나자 임금께서 좌중을 돌아보며 물었다.

"그대들 가운데 누가 제일 속필인가."

그러자 신하들이 이구동성으로 아뢰었다.

"정약용보다 나은 사람은 없습니다."

임금께서 정약용에게 어막御幕에 들어와 임금과 신하들의 대화를 기록으로 남기라고 명했다. 정약용은 처음엔 임금의 위엄이 지척에 있는지라 머뭇거리며 나아가지 못했다. 이에 임금께서 더 가까이 다가오라고 다시 지시하셨고, 할 수 없이 임금님 바로 옆에 앉아 일을 시작했다. 정약용이 임금과 신하들이 나눠 읊는 시를 빠르게 받아쓰자, 임금께서 껄껄 웃으며 말씀하셨다.

"과연 속서速書로다, 역시 대단하구나."

그런 일이 있은 지 얼마 안 되어 정6품 홍문관 수찬修撰에 제수되었다. 홍문관은 궁중의 경서經書와 사적史籍을 관리하고, 각종 문한文翰의 처리와 왕의 자문에 응하는 일을 하는 곳이고, 여기서 수찬은 이런 일 말고도 왕을 모시는 시종신으로도 활동했다.

정약용이 그 자리에 오르는 데는 약간의 잡음이 있었다. 그의 등용을 반대하며 제지하려는 목소리들이 있었기 때문이다. 그들이 반대하는 이유는 별 내용 없이 단지 승급이 너무 빠르다는 것이었다. 이에 임금께서는 단지 이렇게 답할 뿐이었다.

"옥당玉堂, 홍문관의 별칭은 대대로 압해 정씨 가문에서 물려받은 것이니 정약용을 관록에서 빼는 것은 부당하지 않은가?"

정약용에 대한 무한 신뢰가 담겨 있는 임금의 한마디 말씀에 대신들은 입을 다물었다.

화성 건설에 큰 공을 세우다

1792년 4월 9일, 비보가 날아들었다. 진주 목사로 일하시던 아버지가 돌아가셨다. 향년 63세였다. 정약용 형제들은 5월에 충주에서 반장返葬을 하고 고향 마재마을(마현)로 돌아와 곡을 했다. 반장이란 객지에서 사망한 사람의 시신이나 유골을 고향이나 원래 살던 곳으로 옮겨 다시 장사 지내는 것을 말한다.

그 뒤 형제들은 유교의 전통 장례 절차에 따라 고향 근처에 여막을 짓고 거처하기 시작했다. 유교식 상례喪禮는 원래는 중국의 전통문화였지만 우리나라에 맞게 변형하여 고유한 문화로 전승되어 왔다. 여막 생활은 전통적으로 3년간 진행되는데, 벼슬하는 사람이라도 효孝를 실천하기 위해 이 기간에 대궐을 떠나 여막에 머물며 고인을 추모하는 게 원칙이었다.

이때도 정조께서는 측근 신하들에게 자주 정약용의 근황과 아버지의 장례 진행에 관해 물었다고 한다. 그러다 그해 겨울에 정조는 더 이상 참지 못하고 정약용에게 수원화성水原華城의 규제를 지어 올리라는 명을 내렸다. 이때 임금께서는 특히 정약용을 지목하여 이렇게 말했다.

"3년 전 겨울에 정약용이 한강에 배다리를 놓는 일에 규제를 만들어 큰 공을 세웠으니, 그를 불러 화성華城의 규제를 만들어 바치게 하라."

신하들이 정약용이 지금 상중喪中이라고 말해도 정조는 들은 체하지 않았다. 정조는 영중추부사 채제공을 총괄 책임자로, 훈련대장 조심태趙心泰를 공사 지휘자로 임명하고 정약용은 화성 건설에 대한 세부 사항을 기획하고 준비하는 책임자로 임명했다.

이런 일이 가끔 있었다. 나라에 중대사가 생겼을 때 신하는 상중에도 불구하고 전심전력 임무를 수행하고, 일이 끝나면 즉시 상례의 본분을 지키러 돌아가는 경우 말이다. 정약용은 즉시 여막에서 나와 이 일을 진행하게 되었다.

이에 정약용은 일찍이 유성룡柳成龍이 세운 축성의 이론을 바탕으로 〈성설城說〉을 작성하여 임금에게 제출하고, 정조는 이를 검토하여 〈성화주략城華籌略〉을 저술하게 했다.

이 문서에는 성곽의 규모, 축성에 필요한 물품, 참호와 해자垓子의 건설, 터를 다지는 기초 작업, 채석장에서 떠낸 돌을 가공하는 방법, 운반용 수송로, 재료를 운송하는 수레 등 화성 건설에 필요한 모든 내용이 적시되어 있었다.

정약용이 참고한 서적 중에는 명나라 때 중국에 들어온 스위스 출신 선교사 요한 슈렉Johann Schreck이 지은 《기기도설奇器圖說》도 있었다. 이 책은 역학力學의 원리와 기계공학 지식을 자세한 도해圖解와 함께 설명한 책으로 정약용이 수원화성을 기획하는 데 큰 도움을 주었다.

정약용은 이러한 책들을 참조하고 자신의 착상을 더해 갖가지 공사 도구를 만들었다. 높은 곳에 고정 도르래를 설치하여 무거운 물건을 들어 올리는 거중기擧重機, 크레인 기능을 하는 녹로轆轤, 무거운 짐을 싣고 경사진 곳을 쉽게 오를 수 있는 유형거游衡車 등을 개발하여 작업에 큰 도움을 주었을 뿐만 아니라 조선의 건축계에도 큰 변화를 불러왔다.

정조의 강력한 축조 의지와 정약용의 과학적인 설계안, 각종 신기술로 장착된 건설 도구, 그리고 무엇보다도 공사에 동원된 백성들의 노력에 힘입어 수원화성은 둘레 약 5.7㎞, 높이 4~6m 성곽을 건설하는 대역사임에도 공사 기간은 34개월이 걸렸다.

그러나 흉년으로 인해 중간에 6개월 동안 공사가 중단된 것을 고려하면 실제로는 28개월밖에 걸리지 않았다. 여기다 공사비도 예정보다 4만 냥 이상 절약하는 등 기대 이상으로 건설 작업을 마무리하게 했다.

정조의 오랜 바람이 가득 어린 수원화성은 지금도 옛 모습 그대로 잘 보존되고 있고, 1997년 유네스코 세계문화유산으로 등재되었다. 등재 이유는, 조선시대 성곽 건축의 형태를 잘 보여주고 동서양 건축 기술을 융합한 혁신적인 축성 방식을 인정받았기 때문이다. 여기에 정조의 개혁 의지와 효심이 담긴 역사적 가치도 등재에 큰 이유가 되었다.

황해도 곡산 부사

1793년 새해가 밝았다. 수원화성 축조에 관한 세부안을 완벽하게 완성한 공로로 임금의 칭찬을 받았지만 정약용의 마음은 개운하지 않았다. 수원에 있건, 한양에 있건, 고향에서 여막 생활을 하건, 시빗거리를 찾는 노론들의 사나운 눈초리가 줄곧 그를 향하고 있었기 때문이다. 그들의 입은 더 거칠고 더러워져서 쉴 새 없이 모함하고 비방하는 소리가 하늘을 찔렀다.

그해 6월, 이런 상황을 잘 아는 정조께서는 고민 끝에 정약용을 황해도 곡산谷山 부사에 제수했다. 임금께서는 정약용을 따로 불러 이렇게 당부했다.

"자꾸 이어지는 구설 때문에 다칠까 염려되니 일단 곡산에 내려가 조용히 기다리는 것이 좋겠다. 장차 반드시 부를 것이니 너무 슬퍼하지 말라."

정조가 정약용을 곡산 부사로 보낸 데는 또 다른 이유가 있었다. 전임 부사가 워낙 부패하고 무능한데다 관아의 아전들이 농간을 부려 백성들에게 살인적인 세금을 부과했던 모양이다. 18세기 조선에서 이런 폐단은 곡산 지역만이 아니었다. 고을의 수령이 아전들을 시켜 온갖 명목으로 세금을 거둬들이는 통에 백성들은 몸이 부서질 정도였다.

이계심이라는 농민은 그런 농간에 꺾이지 않았다. 그는 주민들을 이끌고 관아에 몰려가 부당한 조세 부담에 항거했고, 그러는 사이 분노한 주민들이 관아를 파괴하고 아전들을 구타했다. 그렇게 한바탕 소란을 일으키고 이계심을 비롯한 주동자들은 재빨리 도망쳤다. 이런 상황을 보고빋은 임금께서는 이계심이란 자의 체포와 함께 곡산 지역의 혼란을 가라앉히라는 뜻에서 정약용을 급파한 것이었다.

정약용은 어명을 받들어 곡산으로 향했다. 무엇보다 이계심을 잡는 것이 중요하니 재빠르고 무술에 능한 군졸들을 전면에 배치했다. 그러나 싸울 필요도 없었다. 정약용이 곡산 어귀에 다다르자 이계심이 스스로 나타났던 것이다. 군졸들이 우르르 달려들어 그를 포박하려고 하자 정약용이 뜯어말리고 관청으로 데려갔다.

이계심은 곡산의 백성들이 고통받고 있는 사항을 낱낱이 적어 시정을 호소했다. 전후 사정을 전해 들은 정약용은 그를 벌하기는커녕 뜻밖의 결정을 내렸다.

"형벌이나 죽음을 두려워하지 않고 원통함을 겪는 백성을 위해 온몸을 던졌으니 나라에는 너 같은 사람이 필요하다. 당장 무죄로 석방한다."

정약용은 이계심이 바친 고통 사항을 가능한 범위 내에서 해소하는 한편으로 문제를 일으킨 아전들을 모조리 잡아다 엄하게 문책했다. 그러고는 곡산의 상황을 세밀히 파악한 다음에 그에 맞는 정책을 펼쳐나가 백성들로부터 칭송을 들었다.

곡산 부사로 일하면서 대궐에 있을 때는 미처 깨닫지 못한 사실들이 많았다. 백성들은 너나없이 가난하기에 가난 자체에는 현실을 곧이곧대로 받아들이지만, 부당한 대접을 받거나 불공평한 일 처리로 불이익을 받으면 더 없이 분노했다. 정약용이 이런 사실을 뼈저리게 깨닫고, 나중에 《목민심서牧民心書》에도 핵심 내용으로 다룬다.

백성은 가난보다 불공정에 더 분노한다.

不患貧 患不均

백성들로부터 배운 이러한 깨달음은 정약용이 목민관의 책무를 수행하는 데 있어, 그리고 이후 대궐에서 임금과 함께 국정을 처리해 나가는 데 있어서도 항상 첫 번째 가치가 되었다.

곡산 부사로 있을 때 정약용이 살인사건을 해결한 이야기도 경기도의 수령들 사이에 소문이 자자했다. 곡산의 백성 김오선이 함경도 영풍의 우시장으로 소를 사러 갔는데 때가 되어도 돌아오지 않았다. 아들이 아버지의 행적을 수소문하던 중에 집에서 불과 10여 리 떨어진 곳에서 시제로 발견했다. 목과 가슴과 복부에 칼자국이 네 군데나 있어 누군가 기습해서 즉사시킨 듯했다.

이때 마을 사람들은 김오선이 도적에게 살해된 것을 알았지만 후환이 두려워 관아에 고하지 않고 곧장 매장해 버렸다. 백성들은 곡산 인근의 깊은 산속엔 도적떼들이 숨어 지내고 있어서 잘못 건드렸다가는 뼈도 못 추리게 된다고 했다.

이런 사정을 알게 된 정약용이 즉시 피살 현장으로 달려가려 하자 백성들이 안 된다며 손을 저었다.

"전임 부사는 말할 것도 없고, 지난번에 암행어사가 왔을 때도 놈들을 잡아달라고 간청했지만, 차일피일 미루다 그냥 가버렸어요. 도둑놈들이 워낙 험악하기로 소문이 나서 법이고 뭐고 안중에도 없답니다.”

정약용은 개의치 않고 군졸들을 데리고 사건 현장으로 달려갔다. 하지만 그 마을의 주민들은 뒤탈이 두려워서인지 누구도 입을 여는 이가 없었다. 그래도 사흘 밤낮을 집요하게 수소문한 끝에 마침내 범인이 김대득이라는 사실을 알아냈다.

김대득이 사는 곳은 영풍에서도 가장 험악한 산중으로, 주민들이 대낮에도 무서워서 왕래하지 않는 곳이었다. 그럼에도 정약용은 며칠 뒤 꼭두새벽에 무술에 뛰어난 군졸들과 함께 김대득의 집을 급습했다. 군졸들이 워낙 민첩하고 살기등등하게 달려드니 쿨쿨 잠자고 있던 김대득은 꼼짝없이 붙잡히고 말았다.

김대득의 집에서는 김오선이 소를 팔고 가져온 돈뭉치가 그대로 남아 있었다. 놈은 아무리 곤장을 쳐도 끝까지 시치미를 떼다가 며칠 동안 이어지는 매질을 이기지 못하고 숨이 끊어지고 말았다. 이후 김대득이 곤장에 맞아 죽었다는 소문을 들은 산속의 도적떼들은 새로 부임한 곡산 부사가 일 처리를 무섭게 한다는 사실을 알고는 모조리 도망쳐 이후 마을에 얼씬도 하지 않았다.

그 뒤로 정약용은 곡산 주민들을 가족처럼 대하며 그들의 불만을 해결하기 위해 애썼고, 그러자 민심이 점차 안정되었다. 곡산 부사로 일하면서 항상 아버지의 말씀을 가슴에 새겼다. 아버지가 화순 부사로 내려가실 때, 어린 아들에게 했던 말이 두고두고 가슴에 남아 있었기 때문이다. 그때는 어린 탓에 아버지 말씀의 참뜻을 온전히 이해하기 어려웠지만 이제는 그 의미를 알기에 목민관의 사명을 다할 수 있었다.

"민심은 천심이라는 말은 백성의 마음이 곧 하늘의 마음이니 민심을 얻어야만 비로소 모든 것이 바로 설 수 있다는 뜻이다."

민심무상民心無常이라는 말이 있다. 백성들의 마음은 일정하지 않으니, 목민관이 어떻게 다스리느냐에 따라 착하게도 되고 무섭게도 된다는 뜻이다. 아버지는 항상 그런 신조로 백성들을 대했고, 그러한 가르침은 이제 정약용의 신념이 되었다.

경기도 암행어사

1794년 6월, 곡산 부사 임무를 마치고 고향으로 돌아와 아버지 삼년상을 치렀다. 그런 후에 성균관 직강直講. 교수에 제수되었다가 8월에 비변사 낭청郎廳으로, 10월에는 홍문관 수찬修撰으로 옮겼다. 그리고 얼마 후 성정각誠正閣에서 임금을 뵙고 이번에는 경기도 암행어사의 명을 받았다.

정조가 곡산 부사에서 돌아온 지 얼마 되지 않은 정약용을 다시 외지로 내보내는 이유는 그에 대한 비방과 모함의 목소리가 여전했기 때문이다. 정조가 그를 귀하게 쓸수록 노론들의 반발은 커져만 갔기에 일단 정약용을 그들의 관심 밖에 두고 싶었던 것이다.

경기도 암행어사로 활동한 지 얼마 되지 않아 정약용은 전 연천 현감 김양직金養直과 전 삭녕朔寧 군수 강명길康命吉의 범법 행위를 알아내고는 형조에 이들에 대한 처벌을 요청했다. 이들은 하나같이 백성들의 재산을 함부로 수탈하거나 거액의 뇌물을 받아 챙기고 온갖 명목으로 거둬들인 세금을 착복하는 등 비리를 저질렀다. 정약용은 조정에 보낸 보고서에 이렇게 썼다.

전 군수 강명길은 탐욕이 끝이 없고 야비하고 인색함이 매

우 극심한 자로, 백성의 소송과 관가의 사무를 관리하지 않

았을 뿐더러 관원들의 식비며 봉록을 후려쳐서 모조리 차

지하고, 함부로 거둬들인 것도 모자라 산전山田과 화전火田에도 높은 세금을 매겨 백성들이 흉년이 든 해보다 더 어렵다고 말할 정도였습니다. 수령을 보좌하는 자들을 항상 뇌물을 받고 임명하고, 임기를 마치고 돌아갈 때는 고을의 작은 배로는 실을 수 없을 만큼 재산을 긁어모아 백성들의 원망과 한탄이 그치지 않았기에 이미 떠난 지 오래되었지만 죄를 묻지 않을 수 없습니다.

전 연천 현감 김양직은 이곳에 5년 동안 미물면서 온갖 악행을 저지른 자로, 매일 술이나 마시고 첩까지 거느리며 방탕하게 지내면서 허다한 죄를 저질렀습니다. 환곡 3,500섬을 이자를 받고 나눠주는 방식으로 축재하고, 재해災害가 있을 때도 면세되는 농지에 대해 가차 없이 세금을 거둬들여 재산을 불렸습니다. 더구나 돈을 받고 직책을 팔아먹고, 신역을 면죄해 주고 뒷돈을 받는 등 이곳에 남긴 악명이 끝이 없습니다. 김양직이 끼친 해독은 아직도 연천에 고스란히 남아 있으니 반드시 벌해야 합니다.

이들의 죄질이 특히 나쁜 것은, 임금과의 인연을 바탕으로 권세를 부려 주변 고을의 수령이나 아전들이 갖다 바친 뇌물이 창고에 넘쳐났다는 점이다. 이들 두 사람은 임금의 권세를 팔고 다니며 뒤를 봐주겠다고 큰소리쳤다고 한다.

원래 김양직은 정조가 화성으로 현륭원을 옮길 때 지관^{地官}을 맡았던 사람이고, 강명길은 정조의 어머니인 혜경궁 홍씨가 머무는 자궁^{慈宮}의 의원으로 명성이 높았다. 모두 임금의 신임을 받는 사람들임에도 정약용은 조금도 망설이지 않고 조정에 보고서를 올렸다.

정약용은 여기서 멈추지 않았다. 당시 경기도 관찰사로 있던 서용보^{徐龍輔}의 일가붙이들이 연천의 향교 터를 그의 가문에 묏자리로 바치기 위해 명륜당을 헐어버린 사건을 적발했다. 향교 터는 엄연히 나라의 재산이므로 개인이 함부로 탈취할 수 없는데도 서용보는 그들의 처신을 말리지 않았다.

이에 정약용은 당장 서용보의 친척을 잡아들여 호되게 징계했고, 이 일에 서용보가 깊이 개입되었음을 보고서에 적었다. 이 같은 처리가 서용보를 욕보이는 일임에도 정약용은 개의치 않았다.

서용보는 영조 임금 때 열여덟 나이에 과거에 급제할 만큼 똑똑해서 영조에 이어 정조의 총애를 받으며 줄곧 출세가도를 달렸다. 그는 서른한 살에 전라도 관찰사를 지내고 돌아온 후 대궐의 요직을 두루 거쳤고, 지금은 경기도 관찰</sup>

사와 규장각 직제학直提學을 겸하고 있는 막강한 인물이었다.

서용보는 영조와 정조 시대를 거쳐 순조 임금 때는 우의정, 좌의정, 영중추부사에 오를 만큼 최고 권좌에 올라 국정을 좌지우지했다. 이런 거물을 잘못 건드렸다가는 본전도 못 찾을 판인데, 정약용은 꼬장꼬장한 성미 그대로 앞뒤 보지 않고 결행했다.

조선 후기로 접어들면서 지방 관리들의 부패 현상은 필설로 다 못할 만큼 썩어 있었다. 심지어 그들은 조정에서 일하기보다 지방 수령으로 나가는 걸 더 원하는 경향을 보였다. 조정에서 일하면 박봉에 업무는 많고 윗사람들 눈치를 봐야 하지만 지방 수령은 누구의 눈치도 볼 것 없이 마음껏 재산을 긁어모을 수 있었기 때문이다.

정약용이 개탄하는 부분은 바로 이것이었다. 지방 수령들 대부분이 온갖 비리를 일삼고, 그럼에도 감찰하거나 책임을 묻는 사람이 거의 없어 백성들의 고통만 가중되고 있었다. 중앙의 권력이 각 지방에까지 골고루 미치지 못하는 조선 사회의 구조적 문제 때문에 백성들만 죽어 나갈 지경이었다. 정약용은 한시《적성촌積城村에서》를 통해 당시 목격했던 지방관과 아전들의 횡포와 백성들이 겪는 참상을 그대로 보여주고 있다.

시냇가 헌 집 한 채 뚝배기 같고 북풍에 이엉 걷혀 서까래만
앙상하네.
묵은 재에 눈이 덮여 부엌은 차디차고 쳇눈처럼 뚫린 벽에
별빛이 비쳐 드네.
집안에 있는 물건 쓸쓸하기 짝이 없어 모조리 팔아도 칠팔
푼이 안 되겠네.
개꼬리 같은 조 이삭 세 줄기와 닭 창자 같이 비틀어진 고추
한 꿰미
깨진 항아리 새는 곳은 헝겊으로 때웠으며 무너져 앉은 선
반대는 새끼줄로 얽었구나.
구리 수저 이정里正에게 빼앗긴 지 오래인데 엊그젠 옆집 부
자 무쇠솥 앗아갔네.
닳아 해진 무명 이불 오직 한 채뿐이라서 부부유별 이 집엔
가당치도 않네.
어린 것 해진 옷은 어깨 팔뚝 다 나왔고 날 때부터 바지, 버
선 걸쳐 보지 못하였네.
큰아이 다섯 살에 기병으로 등록되고 세 살 난 작은놈도 군
적에 올라 있어

두 아들 세공^{歲貢}으로 오백 푼을 물고 나니 빨리 죽기 바라는
데 옷이 다 무엇이랴.

강아지 세 마리와 아이들이 한방에서 잠을 자는데 호랑이
는 밤마다 울 밖에서 울어댄다.

남편은 나무하러 가고 아내는 방아품 팔러가 대낮에도 사
립문 닫힌 그 모습 참담하다.

점심밥은 거르고 밤에 와서 밥을 짓고, 여름에는 갖옷 한
벌, 겨울엔 삼베 적삼.

땅이나 녹아야 들 냉이가 싸이 날 테고 이웃집 술 익이야 찌
끼라도 얻어먹지.

지난봄에 꾸어 온 환자미가 닷 말인데 금년도 이 꼴이니 무
슨 수로 산단 말인가.

나졸 놈들 오는 것만 겁날 뿐, 관가 곤장 맞을 일 두려워 않네.

오호라, 이런 집이 천지에 가득한데 구중궁궐 깊고 멀어 어
찌 다 살펴보랴.(하략)

적성촌은 오늘날의 경기도 파주시 적성면을 말한다. 정
약용은 경기도 암행어사로 지방 곳곳을 돌아다니다 백성들
의 참혹한 생활상을 목격하고는 답답한 마음에 이 한시를 통
해 탐관오리들의 가렴주구^{苛斂誅求}를 신랄하게 비판하고 있다.

백성들은 극한의 빈곤에 시달리는데 지방 수령들은 마구잡이로 수탈한 재산으로 호의호식하는 모습을 보며 정약용은 조선의 위기를 인지하고, 동시에 목민관의 책무를 뼈저리게 느꼈다.

벼슬 생활에 염증을 느끼다

그해 12월 초, 정조는 아버지 장헌세자를 장조莊祖로 모시기 전에 신위神位를 모시던 경모궁景慕宮에 추존해 올릴 때, 도감都監의 책임자로 정약용을 임명했다. 도감은 나라에 큰일이 있을 때 임시로 설치하는 특별 기구였다. 정약용에게 막중한 일을 맡기며 임금께서 신하들에게 이렇게 일렀다.

"정약용은 본래 한림 출신으로 응당 내각에 들어와야 하지만 불행히도 일이 어긋나 신해년 이래 시일을 끌어오다 오늘에 이르렀다. 지금은 겨우 대교大敎, 직각直閣으로 있으니 분명 잘못된 일이다. 마땅히 품계를 올려주어 성균관 대사성이나 홍문관 부제학을 삼으면 장차 대제학으로 키울 수 있을 것이다."

정조 임금의 말씀이 너무도 망극해서 정약용은 눈물을 쏟으며 몸 둘 바를 몰랐다. 임금께서 '불행히도 일이 어긋나 신해년 이래 시일을 끌어오다 오늘에 이르렀다'고 하시는 그 '신해년'은 신해사옥이 일어났던 1791년의 윤지충 사건을 말하는 것이었다.

그때 이후로 정약용을 둘러싼 모든 것이 뒤얽히고 말았다. 공서파들은 정약용을 백련교도와 동일시하며 나라의 미래를 좀먹는 벌레 같은 자라고 쏘아붙였다. 그때마다 임금의 묵살로 그들의 공세는 차단되었지만, 그 일이 있고 나서 정약용은 외지로 떠돌거나 한직을 전전해야 했다.

임금께서 말씀하신 대제학大提學은 홍문관의 정2품 고위직으로, 나라의 학문을 바르게 평가하는 저울이라는 뜻에서 '문형文衡'이라는 별칭으로 불렸다. 조선의 사대부 사회에서 대제학을 배출한 가문은 '열 명의 정승보다 한 사람의 대제학이 낫다'는 말이 있을 만큼 자랑으로 여겼다.

정약용을 대제학으로 키울 수 있을 것이다. 임금께서 그리 말씀하신 것은 정약용을 단지 인간적으로만 좋아하는 것이 아니라 그의 학문적 재능과 인성을 더 아낀다는 의미를 담고 있기에 눈물이 멈추지 않았다.

1795년 1월, 서른네 살 정약용은 사간원 사간司諫에 제수되었다가 곧이어 승정원 동부승지에 제수되었다. 이때 정약용의 품계는 정3품 통정대부로서 당상관에 속하는 직책으로 정약용이 벼슬 생활을 하면서 맡았던 최고위직이었다.

당상관은 나라의 정책 결정에 참여하는 고위 관직으로, 오늘날의 고위공무원과 비슷한 위치로서 그만큼 정치적 책임을 져야 하는 자리이기도 했다. 승정원은 임금의 명령을 신하들에게 전달하고, 신하들의 뜻을 임금에게 알리는 역할을 하는 비서기관으로, 정약용은 도승지 바로 아래에서 육조六曹의 업무 중에 공조工曹를 담당했다.

그러다 2월에는 병조참의에 제수되어 정조가 수원으로 행차하는 행사에 시위侍衛를 맡아 뒤를 따랐다. 정조는 2월 9일부터 16일까지 8일 동안 어머니 혜경궁 홍씨의 회갑을 맞아 문무백관이 총출동하는 화성 행차에 나섰다. 이 해는 마침 아버지 사도세자의 회갑년이기도 했다. 정조는 이 기회에 아버지의 능침陵寢인 현륭원에 참배하는 한편, 백성들을 직접 만나 민심을 듣는 기회로 삼고 싶어 했다.

정조가 수원화성으로 능행하는 광경을 묘사한 '정조대왕 능행 반차도班次圖'는 문무백관과 시종 나인들이 화성에서 필요한 각종 기물을 수레에 싣고 행진하는 장엄한 광경을 보여준다. 정조 임금은 1789년 10월에 화성으로 현륭원을 옮긴 이후 1800년(정조 24년) 1월까지 12년 동안 13차례나 행차했다. 그만큼 이곳에 애착이 남달랐고, 아버지에 대한 그리움이 컸음을 알 수 있다.

얼마 뒤 정약용은 화성 축조에 관한 종합 보고서인 《화성정리통고華城整理通攷》의 찬술을 명받고, 화성 건설의 모든 자료를 책으로 엮는 찬집문신纂輯文臣이 되어 이를 완성했다.

이 책은 임금의 화성 원행과 성곽 건설 과정 등 관련 자료들을 총괄적으로 기록한 것으로, 화성의 축조 과정을 통해 당시의 기술, 건축 방법, 그리고 동원된 인부들을 통해 조선 후기의 사회상을 알아볼 수 있는 귀한 자료가 된다. 《화성정리통고》는 수원화성이 유네스코 세계유산으로 등재되는 데 결정적 자료가 되었다.

그렇게 열심히 일하던 정약용에게 뜻밖의 일이 일어난 것은 1795년 4월이었다. 서른네 살 정약용에게 괴이한 일이 생겼다. 불과 한 달 전까지만 해도 우부승지에 제수되어 열심히 더 일할 것을 명받았는데, 갑자기 정직 처분을 받고 말았다. 이유는 노론 공서파를 비롯한 반대 세력들이 지속적으로 헛소문을 퍼뜨리고 폄훼했기 때문으로, 정조도 계속 이어지는 상소에 일부분이나마 부응하기 위해 이런 처분을 내렸다.

붕당 정치의 위력이 여전한 상황 속에서 무조건 정약용만 옹호할 수 없는 임금의 처지를 생각하며 처분을 받아들였지만, 정약용에게 그해 봄은 참으로 심란한 계절이었다. 저들의 무차별적인 공격을 언제까지 감당해야만 할까? 저들은 언젠가 다시 고개를 처들고 그의 등에 비수를 꽂을 때를 노릴 것이다. 정약용은 대궐 생활에 회의를 느끼며 우울한 마음이 생겨 버렸다.

언젠가부터 가슴에 못이 박힌 듯 격한 통증으로 다가오는 불안감에 정약용은 숨을 쉬기 어려웠다. 그것은 대궐에 머무는 한 천주교라는 낙인 때문에 언젠가 자신의 삶이 나락으로 떨어질지 모른다는 불안감이었다.

연전에 정조는 홍문관에 있던 서양 서적들을 대대적으로 불태우고 더 이상 불온한 서양사상이 유입되지 않도록 단호히 조치했다. 정약용은 이 일을 계기로 천주교와 관계를 단절했다. 천주교를 사교邪敎라 규정한 어명과 윤지충 사건은 그의 결심을 더욱 확고하게 했다.

그러나 노론들은 끝까지 정약용을 신뢰하지 않았다. 신뢰하기는커녕 더욱 드센 공격을 퍼부었다. 땅끝까지 밀어붙이겠다는 듯이 완강한 그들에 맞서는 정약용은 좌절을 넘어 격렬한 분노를 느꼈다.

임금이 아무리 신임을 해도, 그가 아무리 능력이 출중해도, 그들은 그의 몸에 새겨진 천주교라는 화인火印을 눈감아 줄 생각이 전혀 없었다.

그렇다면 어찌해야 하는가.

답은 분명하고 간단했다.

4

사직
상소

정약용은 스무 살 무렵에 서학 관련 서적을 읽거나 서학에 빠진 사람들과 어울리며 천주님에 관한 이야기를 나눴음을 솔직하게 고백했다. 그러나 신해년 윤지충 사건을 계기로 유학의 울타리를 벗어난 서학의 이지러진 바탕과 그릇된 본령을 알게 된 후 발걸음을 돌려 한 번도 돌아보지 않았다고 썼다.

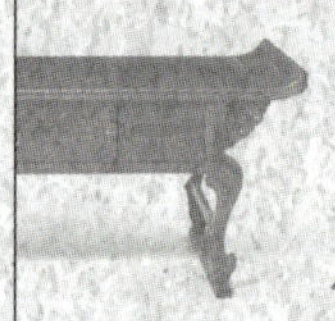

주문모 신부 밀입국 사건

1794년 12월 3일, 중국인 가톨릭 신부 주문모周文謨가 압록강을 건너 밀입국했다. 조선에 들어온 첫 번째 외국인 신부인 그는 1월에 한양으로 잠입하여 조선의 천주교인들을 만나기 시작했다.

주문모 신부가 조선에 들어오게 된 것은 2년 전인 1792년 윤유일이 북경으로 건너가서 포르투갈 출신의 선교사로 중국의 북경 교구장을 맡고 있던 알렉산드르 구베아Alexandre Gouvea 주교에게 선교사 파송을 요청한 결과였다. 윤유일은 주문모 신부의 밀입국 과정에도 결정적인 역할을 했다.

그 뒤 주문모 신부는 북촌에 있는 역관 최인길의 집에 숨어서 조선의 천주교도들을 위해 미사 집전과 세례, 그리고 전도 활동을 펼쳤다. 처음엔 단지 몇 명만이 참석했지만 소문이 나자 수십 명이 모여들어 신앙 모임을 계속해 나갔다.

그러나 꼬리가 너무 길었다. 소문을 듣고 의금부의 금리禁

ᄒ들이 현장을 급습했는데 주문모는 이미 도망친 뒤였고 역관 최인길과 윤유일을 비롯한 몇 사람만이 체포되었다. 이 일로 두 사람은 거듭된 곤장 세례를 견디지 못하고 숨이 끊어지고 말았다.

그 뒤 진사 한영익韓永益이 이런 사실을 신고하여 임금에게까지 보고되었다. 이에 정조는 포도대장 조규진趙圭鎮에게 당장 주문모 신부를 체포하도록 명했지만 한양 일대를 이 잡듯이 뒤져도 끝내 잡을 수 없었다.

당시는 가톨릭의 교세가 빠르게 확산하여 노론을 비롯한 사대부들과 유림의 우려가 커지고 있었다. 이 무렵 조선에는 한글로 번역된 천주교 서적이 목판인쇄로 발간되어 시중에서 팔리고 있어 유림이 이를 막아달라고 아우성을 칠 정도였다. 그만큼 천주교에 대한 대중의 접근이 쉬워진 것이다.

그동안 가톨릭에 대해 임금이 우호적인 정책을 펼쳤기에 붙잡혀 오더라도 배교를 약속하면 훈계 방면되는 경우가 흔했지만, 주문모 신부의 등장은 사태가 심각한 방향으로 흐른다는 사실을 말해주고 있었다.

주문모를 당장 체포하라는 노론의 등쌀에 밀린 의금부는 이 사건에 손톱만큼이라도 연루되었다고 생각되는 사람들을 닥치는 대로 잡아 가두고 가혹하게 고문했지만 주문모 신부의 행방은 여전히 오리무중이었다.

최인길의 집에서 빠져나온 주문모는 신도들의 도움을 받아 여신도 강완숙^{姜完淑}의 집으로 도피했다. 그 뒤 주문모는 강완숙에게 세례를 주고 조선 천주교회 최초의 여성 신도회장으로 임명하며 조선의 여인들에게 복음을 전하게 했다.

충청도 내포 지역 양반가에서 태어난 강완숙은 자신을 모시는 여종을 비롯해 많은 여인을 천주교로 인도했고, 심지어 사도세자의 서자이자 정조의 이복형세인 은언군의 부인 송씨와 며느리 신씨에게도 주문모 신부로부터 세례를 받도록 주선할 정도로 적극적이었다.

주문모 신부는 여기서 그치지 않고 정약용의 둘째형 정약종에게 교리 연구 모임인 명도회^{明道會}의 회장을 맡겼다. 누구보다 독실한 신자이자 열정적인 활동가였던 정약종은 그 뒤 많은 사람들을 명도회에 가입시킴으로써 조선 천주교의 발달에 큰 발자취를 남겼다.

주문모 신부는 이런 식으로 조선인 천주교도들의 전폭적인 후원을 받으며 무려 6년 동안이나 암행 활동을 이어감으로써 조선에서 천주교가 뿌리를 내리는 데 커다란 업적을 남겼다.

충청도 금정찰방으로 좌천되다

1795년 3월, 서른네 살 정약용은 승정원 우부승지에 올랐다. 왕의 교지와 신하들이 올리는 상언上言이 모두 승정원을 거치기 때문에 임무가 막중한 자리로, 오늘날의 대통령 비서실 같은 자리였다.

승정원에서는 또한 〈승정원일기〉를 작성했다. 주로 왕과 각 부서 사이의 소통 내용을 기록하는데, 왕의 통치와 당시의 정치 현황을 한눈에 알아볼 수 있다는 점에서 귀중한 사료史料가 된다. 여기다 〈승정원일기〉에는 왕의 기분을 비롯한 일거수일투족을 기록함으로써 역대 임금들의 성품과 습관, 나아가 통치 철학까지도 파악할 수 있다.

그런데 불과 한 달 뒤에, 열심히 일하던 정약용에게 느닷없이 정직 처분을 내리는 일이 벌어졌다. 사건은 엉뚱한 곳에서 터졌다. 대사헌 권유權裕가 주문모 체포에 실패한 원인은 의금부가 관련자들을 너무 일찍 죽였기 때문이라며 의금부에 책임을 물어야 한다고 주장했던 것이다. 권유는 상소문에 이렇게 썼다.

"관련자들을 너무 심하게 매질하여 일찍 죽게 만든 것은 사건의 진상을 덮으려는 의도가 아니었는지 확인해야 합니다."

권유는 심환지가 심어놓은 노론 벽파의 일원으로 천주교에 대해 극렬한 반대 의사를 지닌 인물이었다. 권유의 말이 떨어지기 무섭게 목만중을 비롯한 노론들이 이승훈, 이가환, 정약용이 주문모 도피 사건에 연루되었다는 상소를 올렸다. 이들이 그 사건에 연루되었다는 증거는 어디에도 없는데도 노론들은 이 기회에 이들 세 명을 확실히 제거하고 싶어 했다.

상황이 이렇게 되자 정조는 이승훈과 이가환, 그리고 정약용을 노론들이 쏘아대는 불화살로부터 피하게 만들어야 했다. 그들의 천주교 전력을 부인할 수 없는 일이니 어떤 식으로라도 그들의 상소에 응답할 필요가 있었다.

이런 이유로 정조는 이들을 잠깐 정직시켰다가 이승훈은 충청도 예산으로 유배시키고, 이가환은 충주 목사로, 정약용은 충청도 금정찰방金井察訪으로 좌천시켰다. 일단 이들을 노론 벽파의 눈에 띄지 않도록 하자는 생각이었다.

충청도 금정도는 지금의 청양靑陽 지역을 중심으로 형성된 역도驛道를 말한다. 금정도는 조선시대 41개 역도의 하나로 청양 금정역을 중심으로 대흥, 결성, 보령, 홍주, 해미, 서산, 태안 등 충청도 서부 지역의 역도를 관리했다.

찰방은 역참驛站에 근무하면서 해당 역로驛路의 통행을 관리하는 종6품 관직이었다. 얼마 전까지만 해도 대궐에서 임금을 가까이 모시던 정3품 승정원 우부승지였던 그에게 충청도 금정에서 통행이나 관리하라니 신세가 말이 아니었지만 어명을 따를 수밖에 없었다.

정조가 이런 조치를 내린 데에는 다른 뜻이 숨어 있었다. 당시 충청도 서부 지역은 천주교의 교세가 눈에 띄게 확산하고 있었다. 정조는 이들을 이 지역에 보내 교세 확산을 차단하는 한편으로 지방 좌천을 명목으로 노론의 공격도 차단하려는 의도였다.

정약용이 금정에 도착해 보니 천주교의 교세가 엄청나다는 사실을 피부로 느낄 수 있었다. 역참의 관원들마저 서학을 학습하며 제사를 금하고 있었고 주민들 대다수도 천주교와 직간접적으로 밀착되어 있다는 것을 알 수 있었다.

당시 서해안과 충청도 내륙에 이르기까지 천주교가 광범위하게 퍼져 있었는데, 그 중심에는 '내포內浦의 사도司徒'라 불릴 정도로 가톨릭 전도에 엄청난 공헌을 해온 이존창李存昌이라는 사내가 있었다.

1752년(영조 28년) 충청도 예산에서 태어난 이존창은 한양에서 권일신으로부터 교리를 배웠다. 이승훈이 운영하던 명례방공동체의 단골 참석자였던 그는 누구보다 충실한 신자인데다 언변이 뛰어나서 만나는 사람들을 불과 며칠 만에 천주교 신자로 만들 만큼 탁월한 전도 능력을 보였다.

이렇게 충청도 일대를 누비며 가톨릭 전도에 전력을 다하던 이존창은 점점 늘어나는 신도들에게 성직자를 초빙해서 정식으로 세례를 줄 필요성을 느꼈다.

초기 조선의 천주교회에서는 평신도들이 선교사를 비롯한 성직자가 없는 상태에서 미사와 성체성사, 고해성사 등을 대신했다. 이를 '가성직제도假聖職制度'라 하는데, 이는 엄밀히 말하면 교회법에 어긋나는 행위였다. 이에 이존창은 윤유일을 청나라로 보내 가톨릭 신부를 파견해 달라고 요청하게 했다. 우리나라 역사책에도 기록되는 주문모 신부의 밀입국 사건이 이존창의 머리에서 시작되었다는 사실이 놀랍다.

당시 이존창이라는 존재는 충청도 일대는 물론이고 조선 사회를 통틀어 가장 큰 영향력을 발휘하는 가톨릭계의 거물이었다. 그래서 의금부에서는 오랫동안 그를 잡기 위해 노력해 왔는데 1795년 말에 우연히도, 그리고 공교롭게도 정약용이 그를 체포하는 일이 벌어졌다.

이존창이 내포 지역에 숨어 있다는 첩보를 입수한 정약

용이 여러 날 탐문 끝에 그를 체포하기에 이르렀고, 그는 정약용이 내미는 오랏줄을 순순히 받았다. 그 뒤 이존창은 천안으로 옮겨졌고 5년 동안 감금되어 있다 1801년에 일어난, 정약용의 셋째형 약종이 일으킨 천주교 관련사건 때문에 함께 참수되고 말았다. 조선 후기에 《한국천주교회사》를 저술한 프랑스 출신의 샤를 달레^{Charles Dallet} 신부는 이렇게 회고했다.

"오늘날 조선 교우의 대부분은 이존창이 그 당시 입교시킨 사람들의 후손이다."

정조 임금의 믿음은 여전했다

그해 12월, 정약용은 다시 중앙 정치 무대로 옮겨 용양위종5품 부사직^{副司直}을 맡았다. 그런데 1796년 1월, 이정운^{李鼎運}이 충청도 관찰사로 나가게 되자, 정조가 그의 동생 이익운^{李益運}을 불러 이렇게 말했다.

"정약용이 계책을 써서 이존창을 잡은 일이 있으니, 그의 공을 마땅히 드러내 줘야 할 것이다. 그대의 형이 임지에 도착하거든 곧바로 그 상황을 상세히 알아보도록 하라. 내가 마땅히 높이 발탁하려 하니 먼저 정약용과 상의한 후 그대의 형에게 가지고 가도록 하라."

이익운이 곧바로 정약용을 찾아 임금의 뜻을 전하자, 정약용은 정색하며 이렇게 답했다.

"참으로 은혜롭고 망극한 일이지만, 녹봉을 받는 처지에 도적을 잡았다고 상을 받는 것은 부끄러운 일입니다. 저는 상을 받기를 원하지 않으니 내일 경연 때 분명히 전달해 주십시오."

이전에도 충청도에서 근무하다 돌아온 사람들을 비롯해서 노론의 영수 심환지조차도 정약용이 이존창을 체포하는 공을 세우고 백성들을 교화시키는 데 앞장섰으니 중요한 직책을 제수하는 것이 좋겠다고 아뢰었다.

이에 정조는 1796년 10월 정약용을 정5품 규영부奎瀛府 교서校書에 앉혔다. 규영부는 규장각의 부속기관으로, 여기서 정약용이 맡은 교서관은 책의 편찬을 위해 잘못된 문장을 바로잡는 교정교열 작업과 간행 작업까지 진행하는 직책이었다. 규영부 교서로 일하는 첫날, 임금께서는 정약용에게 이런 교지를 내렸다.

"그대는 남이 하나를 할 때 열을 해야 비로소 속죄할 수 있을 것이다."

노론들이 앞으로도 정약용의 천주교 전력을 문제 삼는 일을 그치지 않을 것이니 정쟁政爭이 없는 곳에서 일에 몰두함으로써 그들의 공격에서 벗어나되 남다른 실적을 쌓으라는 분부였다.

규영부에는 중국에서 들어온 각종 경서는 물론이고 기술과 기계나 건축의 공법工法에 관한 전문 서적도 있어 원하면 언제든 마음껏 볼 수 있었다. 더구나 학문 연구에 뜻을 둔 동료들과 다방면에 걸쳐 깊은 대화를 나누는 시간이 너무 좋았다. 그렇게 매일 규영부의 일에 매달리다 보니 차츰 마음의 안정을 찾아갔다.

정약용은 여기서 동료들과 《사기영선史記英選》, 《춘추경전春秋經傳》, 〈두시杜詩〉, 《춘추좌씨전春秋左氏傳》 등의 편찬 과정과 《규운옥편奎韻玉篇》의 범례에 자문하는 등의 일을 했다.

정약용이 규영부에서 일할 때, 임금께서는 업무를 독촉하거나 참견하지 않고 전적으로 맡겼다. 그뿐만 아니라 교서들이 늦게까지 일하는 날에는 맛난 음식을 보내주거나 불현듯 찾아와 젊고 유능한 신하들과 토론하기를 즐겨 했다. 아마 이때가 정약용의 인생에서 가장 행복한 시간이었을 것이다.

이 무렵 정약용과 함께 교서로 일했던 인물 중에는 김조순金祖淳도 있었다. 정약용과 그리 가깝게 지내지는 않았지만, 같은 부서에 있으니 자주 얼굴을 마주하며 이런저런 대화를 나누곤 했다.

그 시절의 김조순은 남다르게 영특하고 야망이 큰 사람이었다. 정약용보다 세 살 아래였던 그는 명문가의 자제인데다 워낙 능력이 뛰어나서 일찍부터 정조의 신임을 받았다. 그 뒤 그는 자신의 딸이 정조의 둘째아들, 즉 순조와 혼인하게 되면서 정조의 갑작스러운 죽음 이후 단숨에 권력을 쥐게 되고, 악명 높은 세도정치의 길을 걷게 된다.

사직상소를 올리다

그 뒤에 정약용은 우부승지, 좌부승지, 부호군 등 여러 직책을 옮겨 다녔지만 언젠가부터 그의 마음속에 그늘이 짙게 드리워져 걷잡을 수 없는 정도가 되었다. 노론들은 정약용이 남이 하나를 할 때 백을 하더라도 공격을 멈추지 않을 것이다. 그들은 정약용이 대궐에 머무는 한 공격의 화살을 그치지 않을 것이다. 마음이 너무도 쓰라리고 어수선하여 매일 시름만 깊어질 뿐이었다.

그로부터 8개월 뒤인 1797년 6월, 정3품 동부승지로 있던 서른여섯 살 정약용은 뜻밖의 선택을 한다. 임금에게 사직 상소를 올린 것이다. 그에게 무슨 일이 있었던 것일까?

정약용은 노론들의 등쌀 때문에 자신의 삶에 시시각각 어두운 그림자가 엄습해 옴을 느끼며 이제 대궐 생활을 청산할 때가 왔음을 깨달았다. 그들의 협잡과 증오에 마음을 졸이고 다치는 일이 너무 싫었기 때문이다. 이에 정약용은 임금에게 자신이 천주교와 관련한 내용을 소상히 적은 상소문을 올렸다. '비방을 변명하고 동부승지를 사직하기 위해 임금께 올리는 글'이라는 뜻의 〈변방사동부승지소辨謗辭同副承旨疏〉는 다음과 같은 내용이었다.

신이 이른바 서양의 사설邪說에 대하여 일찍이 그 글을 보고 기뻐하면서 사모하였고 여러 사람에게 거론하며 자랑하였으니, 그 본원인 심술心術의 바탕에 있어서는 대체로 기름이 퍼짐에 물이 오염되고 부리가 견고함에 가지가 얽히는 그것과 같은데도 스스로 깨닫지 못하였습니다. 대저 이미 한 번 이와 같이 되었으니 이는 바로 맹자 문하에 묵자 격이며, 정자程子 문하에 선파禪派 격으로 큰 바탕이 이지러졌으며 본령이 그릇된 것으로, 그 빠졌던 정도의 천심이나 변했던 정도의 지속은 논할 것도 없습니다. 비록 그렇기는 하지만 증자가 이르기를 '내가 올바른 것을 얻고서 죽겠다'고 하였으니, 신 또한 올바른 것을 얻고서 죽으려 합니다. 신이 이 책을 얻어 본 것은 대체로 약관의 초기였습니다. 이때에는 원래 일종의 풍기風氣가 있었는데 천문, 역상, 농정, 수리에 관한 기구, 측량하고 실험하는 방법 등에 대하여 잘 말하는 자가 있었으며 유속流俗에서 서로 전하면서 해박하다고 하였으므로 신이 어린 나이에 마음속으로 이를 사모하였습니다. 그러나 성질이 조급하고 경솔하여 무릇 어렵고 교묘한 것에 속하는 글들을 세심하게 연구하고 탐색할 수 없었기 때문에 그 찌꺼기나 비슷한 것마저 얻은 바가 없이 도리어 생사에 관한 설에 얽히고 남을 이기려 하거나 사랑하지 말라는 경계에 쏠리고 지리, 기이, 달변, 해박한 글에 미혹되었습니다. 그리하여 그것을 유문儒門의 별파別派나 되는 것으로 인식하고 문원文苑의 기이한 구경거리나 되는 것으로 보아 다른 사람과 담론하면서 꺼리지 않았고 다른 사람의 비난이나 배격을 당하면 그의 문견聞見이 적고 비루한가 의심하였으니, 그 근본 뜻을 캐어 보면 대체로 이문異聞을 넓히려는 것이었습니다. 그러나 신이 본래 지업志業으로 삼은 것은 단지 영달하는 데 있었습니다. 상상上庠에 오르면서부터 오로지 정밀하게 한결같이 뜻을 두었던 것은 바로 공령의 학문이었으니, 더욱 어떻게 방외方外에다 마음을 놀릴 수 있었겠습니까. 어떻게 뜻이 확립되었음을 표방하여 경위를 구별하지 않은 채 지금까지 벗어나지 않았겠습니까. 그 글 가운데 제사를 지내지 않는다는 설은 신이 옛날에 보았던 책에서는 보지 못한 것이니, 이는 제사를 지내지 않았던 갈백葛伯이 다시 태어난 것으로 조상을 알아차리는 승냥이와 수달도 놀랍게 여길 것인데 진실로 사람으로 해야 할 도리가 약간이라도 있는 자라면 어찌 마음이 무너지고 뼛골이 떨려 그 어지러운 싹을 끊어버리지 않을 수 있겠습니까. 그런데 불행하게도 신해년의 변고가 발생했으니, 신은 이때부터 화가 나고 서글퍼 마음속으로 맹세하여 미워하기를 원수처럼 하였으며 성토하기를 흉악한 역적같이 하였습니다. 양심이 이미 회복되자 이치를 보는 것이 스스로 분명해져 지난날에 일찍이 좋아하고 사모했던 것을 돌이켜 생각하니 허황하고 괴이하지 않은 것이 없었으며 지리, 기이, 달변, 해박한 글도 패가소품稗家小品의 지류에 불과했습니다. 그리고 이 밖의 것들은 하늘을 거스르고 귀신을 업신여겨서 그 죄가 죽어도 용납되지 않는 것들이었기 때문에 중국의 전겸익錢謙益, 담원춘譚元春, 고염무顧炎武, 장정옥張廷玉과 같은 무리들은 일찍이 벌써 그 거짓됨을 환하게 알고 그 핵심을 깨뜨렸습니다. 그러나 신臣은 멍청하게도 미혹되었으니, 이는 유년기에 고루하고 식견이 적어서 그렇게 되었던 것으로 몸을 어루만지며 부끄러워하고 후회한들 어찌 돌이킬 수 있겠습니까. 애당초 그것에 물이 들었던 것은 아이들의 장난과 같은 일이었으며 지식이 조금 성장해서는 문득 적이나 원수로 여겨, 알기를 이미 분명하게 하고 분변하기를 더욱 엄중히 하여 심장을 쪼개고 창자를 뒤져도 실로 남은 찌꺼기가 없습니다. 그런데 위로는 군부君父에게 의심을 받고, 아래로는 당세에 나무람을 당하여 입신한 것이 한 번 무너짐에 모든 일이 기왓장처럼 깨졌으니, 살아서 무엇을 하겠으며 죽어서는 장차 어디로 돌아가겠습니까. 신의 직임을 체임하시고, 이어서 내쫓으소서.

정약용은 말한다. 나를 대궐에서 내쫓아달라고. 그는 또 말한다. 이대로는 살아서도 죽어서도 희망 없기는 마찬가지라고. 그가 대궐에서의 오랜 시간 얼마나 가슴을 졸이며 살아왔는지를 짐작하게 하는 문장이다.

정약용은 젊은 시절 한때의 일탈 행위로 인해 서학 관련 서적을 읽거나 서학에 빠진 사람들과 어울리며 천주와 관련한 이야기를 나눴음을 솔직하게 고백했다. 여기서 한 발 더 들어가 서학에 매료되어 기도하고 예배한 적도 있다고 썼다.

그러나 신해년에 일어난 윤지충 사건을 계기로 유학의 울타리를 벗어난 서학의 이지러진 바탕과 그릇된 본령을 알게 된 후 단호히 발걸음을 돌리고 한 번도 돌아보지 않았다고 고백하고 있다. 정약용은 말한다.

애당초 그것에 물이 들었던 것은 아이들의 장난과 같은 일이었으며 지식이 조금 성장해서는 문득 적이나 원수로 여겨, 알기를 이미 분명하게 하고 분변하기를 더욱 엄중히 하여 심장을 쪼개고 창자를 뒤져도 실로 남은 찌꺼기가 없습니다.

정약용의 호소에, 정조는 다만 이렇게 답할 뿐이었다.

"선단善端의 싹이 봄바람에 만물이 싹트듯 하고 종이에 가득 열거한 말은 듣는 사람을 감동하게 하기에 충분하다. 사직하지 말라."

정조가 말하는 '선단'은 성리학의 핵심 주제인 사단四端을 가리킨다. 여기에 더해 정조는 대신들에게 이렇게 단언했다.

"정약용은 이제부터 허물이 없는 사람이 될 것이다."

정약용은 깨끗한 사람이니 이제 더 이상 왈가왈부하지 말라는 엄명이었다. 정조는 여기서 그치지 않고 경연 석상에서 대신들에게 정약용의 사직 상소문을 돌려 읽게 했다. 특히 노론의 우두머리 심환지를 불러 읽게 하자, 그가 이렇게 평했다.

"상소문이 매우 뛰어나고, 그의 심사心事 또한 밝고 맑습니다."

심환지는 승정원으로 돌아가서 다른 신하들에게도 이 말을 공공연히 전했다. 정약용의 허물을 더 이상 따지 마라. 이제 더 이상 정약용에 대해 시비를 걸지 말라는 당부였다.

그럼에도 정약용은 기쁘지 않았다. 노론 세력들이 정약용에 대한 증오를 멈추지 않을 것임을 잘 알기에 그의 마음은 여전히 어둡기만 했다.

이런 일이 있고 나서 정약용은 1798년 4월, 어명에 따라 다시 곡산 부사로 나갔다. 임금께서는 정약용이 곡산에 가서 심란한 마음 추스르기를 기대하는 것 같았다. 그러나 한번 금이 가버린 마음을 되돌릴 길은 없었다. 저들이 시퍼렇게 살아서 정약용을 죽일 마음을 버리지 않는 한 그가 선택할 길은 하나뿐이었다. 대궐을 떠나는 것.

하지만 임금의 명을 거부할 수는 없기에 정약용은 묵묵히 곡산으로 향했지만, 묵직한 바윗덩어리가 가슴에 들어앉은 듯 마음은 무겁기만 했다.

정약용은 예전에 곡산 부사로 일했기에 주민들을 잘 알았다. 그들의 민원을 해결해 주고, 억울한 백성이 있으면 그를 위해 해답을 찾아가는 동안 마음이 조금 가벼워져서 때때로 얼굴에 화색이 돌기도 했다. 그렇지만 마음에 드리워진 먹 구름을 완전히 지우기는 어려웠다.

한편으로 정약용은 곡산 부사로 일하는 틈틈이 어릴 적 완두창을 앓았던 경험을 살려 오랫동안 구상해 왔던 《마과 회통麻科會通》을 완성했다. 총 3책 6권으로 구성된 이 책은 당 대에 다른 어떤 질병보다 치사율이 높았던 홍역과 천연두의 치료법을 담고 있다.

당시 홍역이나 천연두는 질병의 진행 속도가 매우 빨라 서 조기에 치료하지 않으면 목숨을 잃을 정도로 위험했다. 어릴 적에 완두창을 앓았던 정약용은 이 책에서 중국과 조 선의 의학서적을 참조하여 치료법을 자세히 소개하고 있다. 이렇게 민초들에게 꼭 필요한 책인데도 《마과회통》은 몇 년 후 정약용이 기나긴 유배 생활을 떠나게 되면서 세상에 묻 혀 있다가 이 책으로 효험을 봤다는 사람이 점점 많아지면 서 입소문을 타고 홍역 및 천연두 치료서로 널리 읽히게 되 었다.

이듬해 1799년 2월, 황주영위사黃州迎慰使로 일하라는 교지를 받았다. 청나라 고종 황제의 죽음을 알리는 칙사가 오자 조정에서 황해도 황주黃州까지 신하를 보내지 못하니 현지에서 가까운 곳에 있는 수령에게 호조참판이라는 임시 직함을 내리고 접빈사로 삼았다. 당시 중국에서 오는 사신을 맞이하는 일은 대단히 까다로워서 외교 의전에 밝은 사람이 아니면 큰 낭패를 볼 수 있기에 아무에게나 맡길 수 없었다. 정약용은 이 일을 충실히 마쳤다.

같은 해 4월, 정약용은 병조참지에 제수되어 한양으로 올라오는 도중에 동부승지를 제수받고, 얼마 뒤 부호군으로 옮겨졌다가 형조참의에 제수되었다. 겉으로는 조용한 나날이 이어졌다. 정약용은 그저 조용히 직무를 수행할 뿐이었다.

어느 날 저들이 다시 도발했다. 그해 6월, 대사간 신헌조申獻朝가 '천주교와 관련된 아무개, 아무개 등의 죄상을 조사해 다스리십시오' 하고 임금께 아뢰어 청했는데, 명단에 둘째 형님도 포함돼 있음을 알게 되었다.

정약전이 한때 천주교를 신봉한 것이 사실이라 해도 아우와 함께 신해년 윤지충 사건을 계기로 신앙을 버린 후 절대 발걸음하지 않았으며, 심지어 임금의 용서를 받은 일임에도 그들은 케케묵은 이력을 들춰내어 악착같이 물고 늘어지고 있었다.

　정약용은 신헌조의 상소 사실을 모르고 출근했다가 뒤늦게 이 소식을 접했다. 그런데 사간원 헌납獻納으로 있는 민명혁閔命爀이 '정약용이 혐의를 무릅쓰면서 벼슬살이를 계속하고 있다'며 비난하는 상소를 올렸다는 사실을 알게 되었다. 한 마디로 낯짝도 두껍다는 비난이었다. 이에 분개한 정약용은 상소문 〈사형조참의소辭刑曹參議疏〉를 올리며 자신의 견해를 밝혔다.

삼가 생각건대 신이 마땅히 벼슬에 나갈 생각을 하지 말아야 했는데, 벼슬살이를 해온 지가 벌써 오래되었습니다. 남의 미움을 받은 것이 쌓이고 쌓여 이제는 위태롭고 불안한 지경에 이르고야 말았습니다. 조정에 선 지 11년 동안 두루 여러 직책을 거치는 사이에 단 하루도 마음이 편한 적이 없었습니다. 하나도 스스로 취한 것이요, 둘도 스스로 취한 것이니, 어찌 감히 자신을 합리화시키고 남을 허물하여 거듭 그물이나 함정 속으로 자신을 빠뜨릴 수 있겠습니까? 다만 신이 남몰래 고통스러워하며 마음속으로 가책을 느끼는 것은 신처럼 더러운 자를 전하께서 비루하다 생각하지 않으시며, 신처럼 곤궁한 자를 전하께서 버리지 않고 사랑해 주시고 감싸주시며, 혹시라도 갈고 닦아 훌륭한 인재로 양성되기를 바라셨으니 어찌 신의 운명이 기구하고 박복하지 않겠습니까. 마치 토끼가 그물에 걸린 것 같고, 새가 그물에 걸린 듯하여 부질없이 임금님만 수고롭게 해드리다가 끝내는 커다란 허물을 짊어지고 말았습니다. 비록 천지와 같은 어지심과 부모와 같은 자애로도 어찌 손을 저어 물리쳐 건져주는 수고를 덜려고 하지 않겠습니까? 이 때문에 신은 밤새도록 뒤척이며 저도 모르게 눈물이 뺨을 적십니다. 신이 일전에 민명혁의 상소문을 보았는데, 신의 형 정약전의 이름이 대사간 신헌조의 계사啓辭에 언급된 사실을 들먹이면서 신에게 태연하고 의기양양하게 공무에 임하고 있다고 논죄하였습니다. 아! 제가 의義에 처신하고 있는 점은 차치하고라도 신의 형은 참으로 무슨 죄가 있습니까. 그 죄는 오직 신과 같이 불초하고 볼품없는 자를 아우로 둔 때문일 것입니다. 그럼에도 오히려 전하께서 신을 꾸중하신 교지에 단지 '아무 죄도 없는 그대의 형이 어찌하여 소장疏章에 올랐겠는가'라고만 하셨으니, 그때의 은혜로운 말씀은 맑고 명백하기가 더할 나위가 없었습니다. 신은 오로지 감축하면서 황천으로 돌아갈 따름입니다. 이제 무엇 때문에 다시 입과 붓을 수고롭게 하여 쓸데없는 짓을 하겠습니까. 신의 형은 벼슬한 지 10년에 아무것도 이룬 것 없이 지금은 벌써 머리가 희끗희끗합니다. 그 이름 석 자도 조정에서 잘 모르는데, 무슨 증오가 맺혀 있기에 이다지도 야단들입니까. 그 뜻은 오직 신을 조정에 서지 못하게 하려는 데 불과합니다. 신의 속마음은 이미 정사년丁巳年, 1797년에 올린 상소(변방사동부승지소)에서 모두 말씀드린 바 있습니다. 제 분수는 본래 지나간 허물을 왜곡하여 숨기고 무턱대고 영달의 길로 나아가려고 하지 않는 데 있었습니다. 지금 만약 신을 내쫓고 벼슬길을 막아 다시는 조정의 반열에 발을 못 붙이게 하신다면 명분이 바로 서고 언론은 순하게 될 것이며, 일은 간결해지면서도 공은 빠를 것입니다. 생각컨대, 어찌 반드시 꾸불꾸불 굴곡을 이루며 별도로 층을 만들어 이와 같이 고생하면서 우원하게 지내겠습니까. 아! 동생이 배척을 받으면 형이 막힐 것이고 형이 배척을 받으면 동생이 막힐 것이니, 일거양득이고 이해가 공평할 것인데 어찌 그 가운데 나아가서 옥석을 구별하여 이치에 맞는 말을 하게 하지 않으십니까. 그 말이 이치에 맞든 맞지 않든지를 막론하고 매일 편전이나 경연 석상에서 오고 간 말을 신이 만약 들었다면, 신은 황송하고 위축되어 참으로 어지러운 현실을 떠나 고요히

은거하기를 생각했을 것입니다. 그런데 경연 석상에 나갔던 사람들 중에 어느 한 사람도 신을 위해 말해주는 사람이 없었던 것은 무엇 때문이겠습니까. 설사 수천만 사람들이 여기저기서 모함하여 눈 깜짝할 사이에 죽인다고 해도 여러 차례 경연에 참석했던 신하 중에 신의 집으로 통보해 주어 죽는 이유나 알고 죽게 할 자가 누가 있겠습니까. 가령 이곳에 어린아이가 있다고 할 때, 골육 친척이 막 함정에 빠지려고 하는데 이웃 사람들이 그 아이에게 말해주지 않는다면 그 아이는 알지 못하고 힌칭 놀이에만 빠져 저 혼자 즐거워할 것입니다. 그렇다면 그 일을 알고 있는 어진 군자는 이치상 마땅히 측은하게 여겨야 할 것인데, 차마 또 죄까지 주겠습니까. 상참常參. 문무백관이 국왕을 뵙고 문안드리는 조회 이 있은 지 며칠 뒤에 과연 알쏭달쏭 분명하지 않은 말이 점차 신의 귀에 들렸으나 당장 문적文蹟이 없어 의를 내세워 잘못된 일에 스스로 책임지기가 어려웠습니다. 다행히 실제로 마침 병이 나서 공개석상에 나가지 못했음에도 의기양양하다는 말은 너무한듯합니다. 신은 구차하게 모험을 해가면서까지 영화와 녹祿을 구하고자 하지 않으며, 또한 높고 멀리 피하여 관직에서 급히 벗어나고자 하는 사람도 아닙니다. 대체로 한평생의 허물을 스스로 당세에 밝혀 모든 공의公義에 따라 세상이 과연 용납하면 구차하게 떠나지 않고, 세상이 용납하지 않으면 구차하게 나아가려고 하지 않습니다. 지금 세상의 추이를 보니 용납하지 않을 뿐만 아니라 한 가문을 아울러 연루하려고 합니다. 지금 떠나지 않는다면 신은 단지 세상의 버림을 받는 사람이 될 뿐만 아니라 가문에서도 패역한 동생이 될 것이니 신이 어찌 차마 이런 짓을 할 수 있겠습니까. 신은 이제 나아가도 의지할 곳이 없고, 물러나도 돌아갈 곳이 없습니다. 다만 신이 태어나고 자란 시골은 강과 호수, 새와 물고기 등 자연의 경관이 성정을 도야陶冶할 만하니, 천한 백성들과 함께 살면서 죽을 때까지 전원에서 여생을 보내며 성스러운 임금님의 은택을 노래한다면, 신에게는 남의 표적에 들어갈 염려도 없고 세상에는 눈엣가시를 뽑아내는 기쁨이 있으니 이 또한 좋은 일이 아니겠습니까? 눈앞의 관적은 다시 논할 것도 없습니다. 삼가 바라건대, 전하께서는 빨리 신의 직명職名을 삭탈하도록 명하시고, 이조吏曹에 영을 내려 사적仕籍에 있는 신의 이름을 모두 없애도록 하소서. 또한 형조로 하여금 임금의 은혜를 저버리고 신명身名을 더럽힌 신의 죄를 다스리게 하여 공의를 펴게 하고 제 뜻대로 자정自淨할 수 있게 하소서.

장문의 상소문을 읽다 보면, 지난번 동부승지 사직을 청했을 때와는 사뭇 결이 다른 감정의 골을 볼 수 있다. 제발 대궐을 떠날 수 있게 자신을 놓아달라는 간절한 애원도 볼 수 있다. 대궐 생활에 정나미가 떨어졌다는 직설적인 표현만 없을 뿐, 그의 마음은 이미 고향에 가 있음을 엿볼 수 있다. 그러나 이번에도 정조는 다만 이렇게 답할 뿐이었다.

"그대의 상소문을 잘 살펴보았으니 아무쪼록 사양하지 말고 빨리 직책을 수행하라. 저들이 하는 말은 믿을 만한 것이 못 되니 한 번의 상소면 충분하다."

임금의 간곡한 당부에도 그의 닫힌 마음은 열리지 않았다. 이젠 정말 대궐을 떠나리라는 다짐뿐, 그 무엇도 그의 마음을 흔들지 못했다. 그의 나이 이제 서른여덟, 벼슬의 욕심을 내려놓아도 될 만큼 여러 직책을 맡아보았으니 이제는 아무 미련도 없었다.

이런 일이 있은 지 얼마 지나지 않아 충청감사 이태영李泰永이 이가환, 정약용과 중국인 신부 주문모周文謨의 밀입국을 제일 먼저 신고한 한영익이 모두 서학에 깊이 빠져 있으니 벌해야 한다는 상소를 올렸다.

정조는 이번에도 얼토당토않은 무고라며 일축했지만 정약용은 이미 상처도 통증도 너무 깊고 아파서 단지 하나 마음에 차오르는 생각은 하나뿐이었다. 대궐을 떠나리라. 고향에 내려가서 조용히 살아가리라.

그리하여 1800년(정조 24년) 봄에, 정약용은 처자들을 데리고 고향으로 내려가는 결단을 내렸다. 오래전부터 쌓이고 또 쌓인 마음의 짐들이 그를 떠나도록 등을 떠다밀었다. 고향집이 있는 마현으로 돌아가는 동안 정약용은 단 한 번도 뒤를 돌아보지 않았다.

그러나 뒤늦게 정약용이 떠난 사실을 알게 된 정조가 이번에도 가만히 놔두지 않았다. 정조는 어서 돌아오라는 명을 내렸다.

"내가 어찌 그대를 버릴 수 있겠는가? 예전처럼 규영부에서 교서를 맡아 일하라."

어명은 어길 수 없는 법, 그때부터 두어 달 동안 정약용은 대궐로 돌아와 규영부에서 일하며 가시방석 같은 나날을 보냈다. 책을 읽어도 활자가 보이지 않고, 글을 써도 자꾸 막혀서 계속 멈칫거렸다.

정조, 너무도 갑작스러운 죽음

그러다 유난히 무더위가 계속되던 어느 여름날, 정확히

는 1800년 6월 28일, 정약용은 청천벽력 같은 소식을 접했다. 꿈에도 생각해 보지 않았던, 결코 있어서는 안 되는 일이 벌어지고 말았다. 정조가 승하했다는 벼락같은 비보였다. 처음엔 누구도 믿지 않았고 시간이 지나도 아무도 실감하지 못했다. 사람들은 그저 멍하니 하늘만 바라보며 울음만 뱉을 뿐이었다.

정약용은 다른 신하들과 함께 창경궁 홍화문弘化門으로 달려가 가슴을 치며 오열했다. 스물두 살 때 성균관 유생이 되어 처음 정조 임금을 뵌 후 스물여덟에 벼슬에 오르고 11년을 넘어 오늘에 이르기까지 과분한 사랑을 받으며 지낸 세월을 돌아보니 너무도 한탄스러운 일이 많아 아픈 가슴을 주체하기 어려웠다.

정조 임금께서 승하하기 보름 전에 그의 집으로 서리書吏를 보냈다. 서리는 한나라의 역사서인 《한서》에서 중요 부분을 발췌한 책 〈한서선漢書選〉 10질을 정약용에게 건네며 임금의 말씀을 전했다.

"요즘에 책을 편찬하는 일이 있으니 응당 불러야 할 것이나 주자소를 새로 수리하느라 벽에 바른 흙이 아직 덜 말라 정결하지 못하니 그믐 무렵에 들어와 경연에 참여할 수 있을 것이다."

언제나 그렇듯이 임금께서는 정약용의 학식과 누구보다 꼼꼼한 성격, 그리고 언제 들어도 친근한 그의 말투를 그리워했다. 나는 임금의 애정에 얼마나 보답했을까. 책을 선물받은 지 보름도 지나지 않았는데 승하하시다니, 정약용은 대책 없이 눈물만 흘렸다.

정조는 다혈질이고 급한 성격이었다. 더구나 조선시대의 왕이 대부분 그렇듯이 태산같이 쌓이는 업무 때문에 늘 과로에 시달렸다. 그럼에도 일에 중독된 것처럼 밤낮으로 직무에 매달렸던 정조는 스트레스를 이겨내기 위해 술과 담배를 즐겼다. 외롭고 고달팠던 어린 시절부터 가슴속에 들어앉은 울화병을 이겨내기 위해 그는 항상 독한 술을 마셨다.

더구나 정조는 오래전부터 피부병으로 고생해 왔고, 사망 직전에는 온몸에 피고름이 나올 정도였다. 조선 왕들에게 피부병은 유전병이었다. 태종이 고질적인 피부병으로 고생했고 문종도, 효종도 온몸에 퍼진 악성 피부질환을 이기지 못하고 사망했다.

정조의 등에 난 악성 종기가 날로 심해질 때 삼정승을 비롯한 중신들이 내의원에 온갖 비방을 동원하게 했는데, 그래도 치유되지 않자 어의는 좌의정 심환지의 지휘 아래 온

몸에 수은 증기를 쐬도록 하는 연훈방煙燻方 요법을 시행했고, 인삼을 넣은 탕약과 고약 등을 추가했다.

현대 의학은 중독의 위험성이 큰 수은 증기 같은 요법은 절대 쓰지 않지만 당시의 의학 수준에서는 정조의 병증病症이 이런 충격적인 요법을 피할 수 없는 지경에 이르렀을 것이다. 그렇게 말년의 정조는 겉으로는 멀쩡하지만 속으로는 곪아 터지는 고통에 시달리다 끝내 숨을 거두고 말았다. 정조의 갑작스러운 죽음에 시중에는 임금이 독살당했다는 풍문이 늘불처럼 번져 나갔지만, 그 어떤 소문도 사실로 확인된 바 없었다.

정약용에게는 이 시기가 서른아홉 해를 살면서 맞는 최대 변곡점이었다. 정조의 갑작스러운 죽음과 그로 인한 남인 세력의 몰락은 어쩌면 그의 남은 인생에 더는 빛도 영광도 없다는 신호였는지도 모른다. 정조의 죽음과 정순왕후의 등장은 더 이상 대궐에 그가 설 자리는 없다는 경고음이기도 했다.

인생의 절반 이상을 살아온 그에게 닥친 이러한 변화는 사실은 오래전부터 예정된 것이었다. 그동안 수없이 경험하지 않았는가. 따라서 앞으로 노론 세력이 퍼붓게 될 화살을

대책 없이 맞아야 하는 그의 여생은 속수무책이라는 말로도

부족할 정도로 무력할 것이었다.

서른아홉 정약용의 여름이 그렇게 흘러가고 있었다.

5

천주교라는
낙인

정약용은 궁벽한 어촌 마을에 머물면서 한동안 국문을 당해 상한 몸을 추스르고, 어지러운 마음을 다잡으며 지냈다. 때로는 해안가에 나가 멍한 얼굴로 바닷바람을 맞고, 그러다 집에 돌아와 온몸을 웅크린 채 잠을 자고, 또 잤다. 그러다 문득 깨어나 정조 임금을 떠올리며 눈물을 쏟기도 했다.

낙향, 한가한 나날이 계속되다

1800년 겨울, 정약용은 정조 임금의 졸곡卒哭을 지낸 뒤 완전히 벼슬에서 물러나 고향으로 돌아가기로 했다. 그의 나이 서른아홉에서 마흔 살로 넘어갈 때였다. 졸곡이란 상을 당했을 때 수시로 하던 곡을 삼우제를 지내고 3개월이 지난 뒤부터는 그치는 것으로, 이제부터는 아침저녁에만 곡을 하게 된다.

이 무렵 목만중이나 이기경 같은 노론의 젊은 행동가들은 마침내 자기들 세상이 왔다며 기고만장해서 대궐을 활보하고 다녔다. 그들만이 아니었다. 세상 자체가 변했다. 정조와 정치적으로 대척점에 있던 정순왕후의 등장으로 노론들이 정치 전면에 들어서고 남인들은 설 자리를 잃었다.

정약용은 이것저것 다 넌더리가 나서 해를 넘기기 전에 사직을 청하고 서둘러 고향마을의 별장으로 내려갔다. 그때부터 어디서 무엇을 하든 맘껏 숨을 쉴 수 있는 자유로움과

세상 그 누구에게도 비방을 들을 일 없는 한가로운 나날이
이어졌다.

별장에 '여유당與猶堂'이라는 편액을 달고 날마다 경전을 읽
고 형제나 지인들과 토론했다. 그렇게 살며 세상 사람들의
기억에서 소멸한 사람으로 지내고 싶은 마음, 그것이 정약
용의 진심이었다. 그런 간절한 마음은 '여유당기與猶堂記'에 고
스란히 드러나 있다.

자기가 하지 않으려고 했으나 부득이 자기가 하도록 하는
것은 어쩔 수 없는 일이지만, 자기가 하려고 했는데 남들이
알지 못 하게 하도록 자기가 하지 않는 것은 그만둘 수 있
는 일이다. 어쩔 수 없어서 하는 일은 항상 그 일을 하지만,
이미 자신이 하고 싶지 않았던 것이므로 때에 따라서 그만
둘 수 있는 것이요, 하고 싶었던 일도 항상 그 일을 하지만
이미 자기가 하고 싶지 않았던 것이므로 때에 따라서는 그
만둘 수 있는 일이다. 분명히 이와 같이 한다면 천하에 도
무지 일이 없을 것이다. 내 병은 나 스스로 잘 알고 있다. 용
기만 있지 무모하며 선善을 좋아하지만 가릴 줄 모르고, 마
음 내키는 대로 즉시 행하기만 하고 의심하거나 두려워하
지 않는다. 그만둘 수 있는 일이지만 마음속으로 기쁘게 느

껴지기만 하면 그만두지 못하고, 하고 싶지 않아 마음속에 거리끼고 불쾌한 것이 있어도 반드시 그만둘 수 없었다. 이러므로 어려서 분간을 못할 때에는 일찍이 방외方外로 치달리면서도 의심이 없었고, 장성한 다음에는 과거科擧에 빠져 돌아보지 않았으며, 나이 서른이 된 뒤에는 지나간 일에 대한 후회를 늘어놓으면서도 두려워하지 않았다. 이러므로 선善을 끝없이 좋아했으나 비방을 듣는 일이 유독 많았다. 아! 이 또한 운명이로다. 이것은 나의 본성 때문이니, 나 또한 어찌 감히 운명을 말할 수 있겠는가. 내가 노자의 말을 보니 '망설이면서與 겨울에 냇물을 건너는 것 같이, 주저하면서猶 사방의 이웃을 두려워하는구나'라고 했다. 아! 이 말이 나의 병에 약이 되는 것이 아니겠는가. 겨울에 냇물을 건너는 것은 차갑다 못해 따끔따끔하며 뼈를 끊는 듯하니 부득이하지 않으면 건너지 않는 것이다. 사방의 이웃을 두려워하는 것은 지켜보는 것이 몸에 가까우니 비록 매우 부득이하더라도 하지 않는 법이다. 남에게 편지를 보내 경經과 예禮의 같고 다름을 논하려고 하다가 이윽고 생각해 보니, 비록 그렇게 하지 않더라도 해로울 것까지는 없었다. 비록 그렇게 하지 않더라도 해로울 것까지는 없었다는 것은 부득이한 일이 아니기 때문이다. 부득이한 일이 아닌 것은 또한 그만두는 법이다. 내가 남을 논박하는 소疏를 올려 조정의 시비에 대해 말하려다가 이윽고 생각해 보니, 이것은 남들로 하여금 알지 못하게 하려는 것이었다. 남들이 알지 못하게 하려는 것은 마음에 두려움이 있기 때문이다. 마음에 크게 두려움이 있게 되면 또한 그만두어야 한다. 진귀한 옛 기물器物을 널리 모으려고 했지만, 이것 또한 그만두며, 관직에 있으면서 공금을 농간하여 나머지를 훔치려고 하는 짓 또한 그만둔다. 마음에 일어나고 뜻에 싹트는 것도 매우 부득이한 것이 아니면 그만두며, 비록 매우 부득이한 경우라도 남들이 알지 못하게 하려는 짓은 그만둔다. 분명히 이와 같이 한다면 무슨 일이 있겠는가. 내가 이 뜻을 얻은 지 6,7년이 되었는데, 이것을 가지고 당堂에 편액으로 달려고 하다 이윽고 생각해 보고는 번번이 그만두었다. 고향땅 초천으로 돌아온 뒤에 비로소 문미門楣에다 써서 붙이고 아울러 이름 붙인 이유를 적는다.

정약용이 당호堂號를 '여유'라고 지은 이유는 이것이었다. 모든 일을 겨울에 냇물을 건너는 것 같이 망설인 후에 행하고, 사방의 이웃을 두려워하고 주저하면서 살겠다는 마음, 그것이 정약용이 앞으로의 삶에서 바라는 일상이었다.

그것은 어쩌면 마음이 가는 대로 살았던 젊은 날에 대한 후회였는지도 모른다. 앞으로의 삶은 더 깊이 성찰하며 살겠다는 묵직한 다짐이 그의 가슴을 가득 채웠다. 그렇게 조심스럽게 살면서 틈틈이 글을 쓰고 후학을 가르치는 삶, 그거야말로 오랫동안 그가 꿈꿔 온 진정한 행복이었다.

그는 그로부터 얼마 동안 앞으로의 집필 계획을 세우며 진정한 여유를 느꼈다. 정약용은 얼마쯤 쉰 뒤에 먼저 《문헌비고간오文獻備考刊誤》를 지었다. 1776년(영조 52년)에 왕명에 의해 조선시대의 풍속과 문화를 망라한 《동국문헌비고東國文獻備考》를 편찬했는데, 내용이 불충분하여 1782년(정조 6년) 수정 보충하여 다시 편찬했었다. 그런데 정약용이 보기에 이것도 오류가 많아 개정판을 지은 것이 바로 《문헌비고간오》였다. 애초에 정약용은 이 책이 완성되면 정조 임금께 올릴 계획이었지만 늦게나마 완성한 것이다.

완전히 바뀐 정치 상황

하루하루 만족스러운 나날이었다. 읽고 쓰는 일이 본디 그의 본분이니 하루하루 습관처럼 그런 일상이 반복되었다. 그렇다고 이제 마흔 고개를 넘어선 그의 인생이 상투적이거나 권태로워졌다는 뜻은 아니었다.

그렇기는커녕 그의 머릿속엔 오랫동안 빼곡히 세워둔 집필 계획이 가득 들어차 있으니 몇 년 동안은 걱정 없이 사색하고, 글을 읽고, 쓰기만 하면 되었다. 무엇을 더 바라랴. 언제나처럼 다정한 처자와 함께 오순도순 지내는 일상은 더없이 행복했다.

그러나 정약용이 그린 미래 청사진은 원하는 대로 그려지지 않았다. 그를 둘러싼 세상이 기대하는 방향으로만 돌아가지 않았기 때문이다. 순조 임금의 즉위와 함께 세상이 어제까지와는 전혀 딴판으로 흘러간 것이다. 순조가 조선의 23대 왕위에 오른 것은 1800년 7월 4일이었다. 그의 나이 11세 때였고, 그해 1월에 세자에 책봉된 지 6개월 만이었다.

순조가 즉위한 바로 그날부터 나이 어린 임금을 대신하여 수렴청정이라는 방식을 통해 권력을 손에 넣은 정순왕후는 영조 임금의 계비이자 순조의 증조할머니로서 왕실의 최고 어른이었다. 열다섯 어린 나이에 51세 연상인 66세의 영조와 혼인했던 정순왕후는 어느덧 50대 중반의 여인이 되어 있었다.

정순왕후가 취약한 권력 기반을 강화하기 위해 손잡은 세력은 노론, 그중에서도 벽파였다. 그럴 수밖에 없었다. 영조 때 노론들이 사도세자를 규탄하며 임금의 증오심을 부추길 때, 정순왕후는 여기에 앞장섰던 인연이 있었다.

이로써 조선 사회의 정치 상황이 완전히 바뀌었다. 그것은 그동안 정조와 손잡고 정치의 중심을 이루던 남인 세력의 몰락을 뜻했고, 나아가 그동안 정조가 미지근하게 대해 왔던 천주교에 대해 매우 강경해질 수 있다는 것을 의미했다.

더구나 정순왕후와 정조 사이에는 개인적인 악연이 있었다. 정순왕후의 아버지 김한구金漢耈가 사도세자를 제거하는 일에 누구보다 앞장섰으니 그들 사이엔 오랜 구원舊怨이 있었다.

여기다 1786년에 귀양을 떠났던 김한구의 아들이자 정순왕후의 오빠인 김귀주金龜柱가 객사하자 정순왕후의 가슴에 정조와 남인들에 대한 원한이 못 박혀 버렸다. 친정 가문이 몰락한 상태에서 오랜 시간 숨죽이며 지내온 정순왕후에게 정조의 죽음은 세상을 한 손에 움켜쥘 천재일우의 기회였다.

정순왕후는 제일 먼저 조선의 골칫거리인 천주교를 처리해 나갈 방도를 찾아 나섰다. 지난날 정조조차도 천주교를 사학邪學이라 선언했으니 천주교 신자들을 때려잡지 못할 명분이 하나도 없었다.

천주교도를 처단한다는 것은 조정에서 남인 세력을 몰아

내는 부수적 효과가 있으니, 오랑캐로 오랑캐를 친다는 이
이제이以夷制夷 전략에 딱 들어맞는 정책이었다. 정순왕후는
이렇게 서슬 퍼런 하교를 내렸다.

> 오늘날 사학이라 일컬어지는 자들은 아비도 없고 임금도
> 없으니, 인륜을 파괴하고 교화에 배치되어 저절로 짐승이나
> 이적夷狄. 오랑캐에 돌아가 버렸다. 엄하게 금지한 뒤에도 개전
> 의 정이 없는 무리들은 마땅히 역률에 의거하여 처리하라.

역률逆律이란 역적을 처벌하는 법을 말한다. 다시 말해 천
주교 교도들은 역모를 꾀하는 역적이나 다름없으니 그에 합
당하게 처단하라는 뜻이었다.

이때 생긴 말이 '위정척사衛正斥邪'였다. 정학正學인 유교를 수
호하고 이단인 사학을 배척하자는 것으로, 이 땅에 천주교
를 믿는 무리는 하나도 남지 않게 하라는 단호한 의지가 담
긴 말이었다. 마침내 조선에서 본격적으로 피비린내 나는
천주교 박해가 시작되었다.

이보다 앞서 1791년 5월에 윤지충 사건이 일어났을 때,
정약용의 아버지는 미래의 비극을 직감하고 자식들을 불러

천주교를 멀리하라고 단단히 일렀다.

아버지는 이미 아들과 사위, 그리고 그들의 자식이나 스승, 그리고 세상에 나가 만난 많은 벗들이 하나같이 서학에 깊이 빠져 있다는 사실을 알고 있었다. 큰아들 약현은 처음부터 천주교와 거리를 두고 집안일에만 매달려 왔으니 걱정할 일이 없었고, 약전과 약용은 윤지충 사건 이후의 자각과 아버지의 말씀에 따라 서학을 멀리했지만 셋째 약종은 달랐다.

주문모 신부가 만든 천주교 평신도 단체에서 회장을 맡을 정도로 열성적이었던 약종은 누구보다 충실한 천주교인이었기에 누가 뭐라 해도 천주교를 포기할 마음이 전혀 없었다.

정약종은 본격적으로 천주교 박해가 시작되자 재빨리 움직였다. 그는 설령 체포된다 해도 신앙을 위해 죽을 각오가 되어 있었지만 포천의 지인 집에 숨겨 놓은 성상^{聖像}과 교리서적, 주문모 신부의 편지 등은 반드시 후대에 전해져야 한다고 생각했다.

1801년 2월, 약종은 이것들을 작은 책롱^{冊籠, 책을 넣어두는 궤짝}에 넣어 머슴을 시켜 한양의 지인 집으로 옮기게 했다. 그런데 머슴이 나뭇짐으로 위장하여 책롱을 운반하던 중에 밀도살

한 쇠고기를 운반하는 것으로 오인한 포도청에 적발되고 말았다.

책롱을 열어보고 내용물을 확인한 포도청은 기겁하고 상부에 보고했고, 상부의 긴급 명령에 따라 관련자들을 모조리 잡아들이기 시작했다. 수많은 천주교도를 죽음의 수렁에 몰아넣게 되는 '책롱 사건'은 이렇게 시작되었다.

정약종은 한자를 모르는 신자나 부녀자, 어린아이들도 쉽게 교리를 이해할 수 있도록 조선인 천주교인으로는 최초로 순한글로 된 《주교요지》를 지을 만큼 독실한 신앙인이었다. 의금부의 금리들이 그의 집에 들이닥쳤을 때, 그는 마침 《성교전서》라는 또 다른 천주교 서적을 집필하고 있었다.

의금부로 끌려간 정약종은 책롱 속 내용물이 자기 것임을 순순히 시인할 뿐만 아니라 가혹한 고문에 온몸이 망가진 상태에서도 당당하게 천주교 박해의 부당성을 항변했다. 엎드려 싹싹 빌어도 살려줄까 말까인 판에 이렇게 방자하게 나오다니, 결국 약종은 서소문 밖으로 끌려가 처형되었다.

이 일로 정약종의 가족은 거의 몰살당했다. 정약종의 아내와 딸을 비롯해 장남 정철상이 목숨을 잃었고, 간신히 살아남은 차남 정하상마저도 한참 세월이 흐른 1839년에 일어난 기해박해己亥迫害 때 아버지의 뒤를 이어 순교의 길을 걸었다.

책롱 사건의 해결로 잔뜩 고무된 정순왕후와 노론 세력은 전국적인 '오가작통법五家作統法'을 가동하기 시작했다. 다섯 집 가운데 한 집이라도 천주교 신자가 나오면 다섯 집 모두가 책임진다는 살벌한 연좌제였다.

오가작통법은 원래 중국에서 시행된 제도로, 마을 사람들의 연대 책임과 상호 감시를 통해 범죄 예방과 사회 질서를 유지하기 위해 시행되었다. 조선 초기부터 도입되었던 오가작통법이 천주교인들의 완전 퇴치를 위해 채택되었다는 것은 권력층이 그만큼 천주교 확산에 신경이 곤두서 있다는 걸 의미했다.

그리하여 전국에서 닥치는 대로 잡아다 족치고 쥐어뜯어 희생된 사람이 500여 명으로, 이 중에서 100여 명은 무자비하게 처형되고 400여 명은 유배형을 받았다. 우리나라 천주교 역사상 가장 악랄한 박해 사건의 하나로 기록되는 책롱 사건을 '신유사옥辛酉史獄', 또는 '신유박해辛酉迫害'라 부른다.

이 사건을 계기로 목숨을 잃은 사람들은 이승훈, 최창현, 강완숙, 최필공, 홍교만, 홍낙민, 이존창 등 모두 초기 교회의 주요 인물들이었고 이가환이나 권철신 같은 조선 후기 최고 지성인들은 고문을 이기지 못하고 감옥에서 비참하게 죽었다. 결국 신유박해로 인해 조선의 천주교회는 대부분

폐허가 되고 말았다.

주문모 신부도 이때 죽었다. 천주교 박해가 전국적으로 확산하자 여러 차례 거처를 옮겨 다니던 주문모 신부는 조선에서 더 이상 활동하기 어렵다고 판단하고 중국으로 탈출하기 위해 엄중한 수사망을 뚫고 국경 지역까지 도망갔다. 그러나 자신 때문에 조선의 교인들이 고통을 받는 현실을 외면할 수 없었기에 마음을 돌려 의금부에 들어가 자수했고, 처형을 피할 수 없었다.

주문모 신부의 지난 6년은 한 마디로 종횡무진이었다. 한양에서의 목회 활동에 자신이 생기자 강력한 포위망을 뚫고 지방으로 발길을 옮겨 경기도 여주, 충청도 온양, 공주, 내포, 전라도 전주 등을 돌아다니며 4천여 명에 불과하던 조선의 신자 수를 1만여 명까지 증가시켰다. 주문모 신부는 1801년 4월 19일 새남터에서 순교했다.

신해사옥, 갑자기 터진 시련에 울다

갑자기 터진 책롱 사건으로 고향에 내려가 안온한 생활을 이어가던 약용은 약전과 함께 당장 한양으로 끌려가 투옥되고 말았다. 노론들이 약종의 뒤에 반드시 그의 형제들이 있다고 주장했고, 정약용 형제의 그간의 이력으로 봐서 틀린 예측은 아닌 것 같다는 호응을 얻어 체포 1호 대상이 되었던 것이다.

의금부로 붙들려간 정약용 형제는 큰 어려움을 겪었다. 죄인이 숨기고 있는 사실을 자백시키기 위하여 육체적, 정신적으로 고통을 주는 행위를 고신拷訊이라 한다. 이때 물증은 필요 없다. 개연성만으로, 그리고 심증만으로 일단 곤장을 치거나 주리를 트는 방식으로 죄인을 족친다. 정약용 형제에겐 개연성이 충분했고, 심증은 더 말할 필요도 없었다.

주리 틀기는 양다리를 묶은 뒤에 다리 사이에 굵고 긴 막대기 두 개를 끼우고 양쪽으로 잡아당겨 정강이를 비트는 고문이다. 당연히 사지가 찢어질 듯한 고통이 뒤따르는데, 원하는 답이 나올 때까지 계속된다. 정약용은 고통과 모멸감에 치를 떨면서도 자신에게 죄가 없음을 조목조목 반박했다.

"나는 천주교와 관련해서는 젊은 시절 학문적 관심으로 접촉했을 뿐, 이미 신해년 윤지충 사건 이후 완전히 결별했소. 이마저도 선왕先王, 정조께 고하고 용서를 받은 일이오."

그런 변명이 통할 리 없었다. 다시 더 지독한 고문이 시작되고, '네 죄를 네가 알렸다' 식의 서릿발 같은 호통과 매질이 뒤따랐다. 그렇게 며칠이 지났을 때, 그들 형제의 진술이 앞뒤가 맞고 전후 사실이 명백하므로 위관들이 모두 고개를 끄덕이며 책롱 사건에 아무 연관이 없음을 수긍했다.

그렇다면 죄가 없으니 풀어줘야 마땅하지만, 노론들은 최종적으로 정약용 형제를 천리 밖으로의 유배를 결정했다. 어떻게든 땅끝으로 보내야 속이 시원하다는 듯이 두 눈을 희번덕거리는 노론들의 얼굴엔 그렇게라도 하니 다행이라는 표정이 역력했다.

결국 정약용은 경상도의 작은 어촌 마을인 장기長鬐. 현재의 포항시 남구 장기면로, 둘째형 약전은 완도 부근에 있는 신지도薪智島로 유배를 떠나게 되었다. 이때는 예전과 달리 천주교 신도들을 가차 없이 처벌할 때로, 죄가 중한 사람은 무조건 참형이고 죄가 덜한 사람도 곤장을 맞아 산송장이 될 지경이었다.

정약용 형제가 그나마 목숨을 건지고 유배형에 처해진 것은 책롱 사건과 직접적으로 연결되었다는 증거가 없다는 다른 신하들의 옹호 덕분이었다. 비록 노론들에게는 반드시 제거되어야 할 정적이었을망정 다른 많은 신하에게는 신임을 잃지 않고 살아왔기에 그나마 목숨을 보전할 수 있었다.

뜻하지 않게 유배를 떠난 정약용은 궁벽한 어촌 마을에

머물면서 한동안 상한 몸을 추스르고 어지러운 마음을 다잡으며 지냈다. 때로는 마당에 철퍼덕 주저앉아 멍한 얼굴로 차디찬 겨울바람을 맞고, 그러다가 방에 들어가 온몸을 웅크린 채 잠을 자고, 또 잤다.

그러다 정약용은 얼마 뒤 몸을 추스르고 일어나 예전 습관대로 붓을 들기 시작했다. 글쓰기는 그에게 몸과 마음의 고통을 잊기 위한 필사적인 몸부림이었다.

그렇게라도 하지 않으면 부서질 듯이 머리가 아프고 가슴이 답답해서 견딜 수 없었다. 후회와 원망이 뒤섞인 감정이 먹구름처럼 몰려와 두 눈을 흐릴 때마다 그는 질끈 눈을 감았다 뜨며 붓을 집어 들었다. 다행히 여유당에서 집필 계획을 세워둔 것이 머릿속에 남아 있었다. 정약용은 모든 것이 열악한 그곳에서 맨 처음 한자의 발달사를 담은 《삼창고훈三倉詁訓》을 짓고, 관혼상제에 관한 예법을 담은 《기해방례변己亥邦禮辨》을 지었다.

혼자라서 외로웠지만, 그렇기에 더 집필에 몰두할 수 있었다. 어디에 있든 시간은 흐르는 법, 이렇게 세월을 보내다 보면 언젠가는 유배가 끝나고 고향으로 돌아가겠지만 그렇다고 대궐로 돌아갈 마음은 전혀 없었다.

황사영 백서 사건

하지만 세상은 그의 기대대로 흘러가지 않았다. 7개월 뒤인 1801년 9월, 한양에서 '황사영黃嗣永 백서帛書 사건'이라는 전대미문의 비극이 터졌다.

황사영은 맏형 약현의 사위로, 정약용에게는 조카사위가 되는 젊은이였다. 황사영은 처가의 영향을 받아 천주학을 접했고, 17세 때 세례를 받을 만큼 독실한 신자였다. 이후 황사영은 주문모 신부의 측근으로 활동하면서 신도의 자녀들에게 글과 교리를 가르치거나 천주교 서적 필사 작업도 열심히 했다.

책롱 사건이 일어났을 때 가장 놀란 사람은 황사영이었다. 정약종 집안의 머슴이 들켜버린 책롱 속 물품들을 다름 아닌 황사영의 집으로 옮기려 했다는 사실이 밝혀지면 온 집안이 쑥대밭이 될 것이다.

이에 황사영은 몰래 한양을 빠져나가 충청도에 있는 배론성지(지금의 충청북도 제천 봉양읍)의 토굴로 숨어들었다. 배론성지는 천주교 박해가 시작되자 교인들이 숨을 곳을 찾아 모여들어 자연스럽게 천주교 신자촌이 형성된 곳이었다. 여기서 교인들은 토기를 만들며 은밀히 신앙생활을 이어가고 있었다.

황사영은 그냥 숨어 지내지 않았다. 조선의 임금이 가톨릭교회의 지도자들을 얼마나 가혹하게 학살했는지, 끓어오르는 분노를 참지 못하며 자신이 할 수 있는 일을 해야겠다고 결심했다. 그러다 마침내 그는 자신이 해야 마땅한 일을 찾아냈다.

"조선에서의 천주교 박해 실상을 북경의 주교에게 알리자."

그리하여 황사영은 가로 62센티미터, 세로 38센티미터의 흰색 명주에 122줄에 13,384자를 빼곡히 써 내려갔다. 수신자는 프란치스코 예수회 북경 교구장인 구베아 주교였다. 구베아 주교는 1785년 북경에 들어와 청나라 황제인 건륭제의 전폭적인 신임을 받으며 포교 활동에 매진함으로써 동아시아 제일의 가톨릭 실력자가 된 인물이었다.

그는 조선의 가톨릭 전도에 힘써서 이승훈에게 조선인 최초로 세례를 주었고, 주문모 신부를 조선에 파견하여 가톨릭 전도에 획기적인 전기를 만들었다. 그것만이 아니다. 구베아 주교는 자신을 만나러 오는 조선인 신도들에게 유교적 전통에 대해 적극적으로 항거해야 한다고 부추김으로써 수많은 박해 순교 사건의 실질적 조종자 역할을 했다.

황사영은 백서의 앞부분에서 조선 교회의 참담한 현실을 소개하면서, 조선 정부의 가혹한 박해 탓에 죽어 나간 신도들의 상황을 구구절절 써 내려갔다. 이와 함께 이러한 참상을 극복하기 위해 구베아 주교에게 제시한 해결 방안은 이러했다.

부디 청나라가 조선에 대한 종주권을 행사함으로써 조선이 서양인 선교사를 최대한 많이 받아들이도록 강요해 주기를 요청합니다.

황사영은 여기서 멈추지 않고 기어이 넘지 말아야 할 선을 넘고 말았다. 조선 정부에 대한 뼛속 깊은 원한이 고스란히 박혀 있는 문장은 이러했다.

조선을 청나라의 일개 성省으로 편입시킴으로써 중국에서처럼 선교 활동의 자유를 보장받기를 희망합니다. 이를 위해 서양의 선박 수백 척과 병사 수천 명을 파병해 조선에 신앙의 자유를 허락하도록 협박해 주시기를 바랍니다.

황사영은 백서를 완성한 후, 때마침 배론성지로 숨어 들어온 천주교 신자 황심黃沁에게 자기 뜻을 전했다. 황심은 충청도 덕산 사람으로 이존창을 만나 천주교에 입교한 이래 누구보다 충실한 신앙인으로 살아왔다.

황사영으로부터 자초지종을 들은 황심은 그의 뜻을 전폭적으로 지지하면서 옥천희玉千禧라는 사람을 통해 북경에 백서를 전달하겠다고 약속했다. 옥천희는 그동안 북경을 왕래하는 사신단 일행의 마부로 활동해 온 사람이고, 그 역시 천주교도였다.

그러나 황사영의 야심 찬 계획은 참담한 실패로 귀결되었다. 옥천희가 국경을 건너기 전에 평안도 의주에서 붙잡히고, 그의 실토에 따라 황심도 체포되었다. 이로써 황사영의 정체는 백일하에 드러나고, 배론성지로 화살처럼 달려간 포졸들에 의해 곧바로 검거되었다.

황사영의 백서를 목격한 정순왕후와 노론 벽파는 커다란 충격에 휩싸였다. 이제 천주교도들은 국가 이념에 반동한 불순 세력에서 외국의 힘을 끌어들여 나라를 갖다 바치려는 반역자라는 인식이 박히고 말았다. 그렇다면 박해는 멈출 수 없는 일이었다.

유림과 사대부들이 들고 일어났다. 그들은 나라가 망하기 전에 천주교도들을 말살해야 한다고 목청을 높였다. 그리하여 조정은 여론을 잠재우고 왕실의 권위를 확실히 보여주기 위해 황사영을 비롯한 천주교 일당을 만백성이 보는 앞에서 죽이기로 했다.

특히 황사영의 경우, 그냥 참수형으로는 안 되었다. 그동안 무수히 많은 천주교도가 참수형으로 죽었지만 두려워하기는커녕 더욱 천주교도가 늘어나는 상황이니 더 분명하게 공포를 심어줄 처벌이 필요했다.

그들이 선택한 처형은 황사영의 몸을 다섯 조각으로 찢어 죽이기 위해 다섯 마리의 소를 각기 다른 방향으로 달리게 하는 거열형車裂刑이었다. 이 같은 처벌은 반역죄, 패륜죄, 흉악 범죄를 저지른 중죄인에게 되도록 오랫동안 고통을 주어 죽음에 이르게 하는 방법이었다. 그리하여 황사영은 한양의 백성들이 지켜보는 가운데 머리와 양팔과 두 다리가 모두 찢겨 나가는 극악의 형벌을 받았다. 그의 나이 스물일곱 살 때였다.

그것으로 끝이 아니었다. 황사영의 모친은 거제도로, 아내 정난주(정약현의 딸)는 제주도 대정현으로 노비로 끌려갔고, 두 살배기 아들은 추자도에 남겨졌다. 그뿐만 아니었다. 숙부는 함경도로, 집안의 머슴과 종들도 모조리 귀양을 갔다. 그것으로도 모자라 황사영이 극형을 당한 다음 날 그가 살던 집터는 웅덩이를 만들어 진흙탕 물이 고이게 했다.

모진 고문 끝에 내려진 결론

황사영이 능지처사를 당하자 홍낙안을 비롯한 노론의 젊은 선비들이 이 사건의 배후에 정약용 형제가 있는 것이 분명하다며 당장 끌고 와 심문해야 한다고 소리쳤다.

"황사영의 백서에 적힌 내용의 수준으로 보아 정약용 형제의 도움 없이는 절대로 쓸 수 없었을 것입니다. 당장 이들을 데려와 낱낱이 밝혀야 합니다."

그의 말마따나 지금까지 천주교와 관련한 모든 문제를 일으킨 사람 중에 주동자가 정약용의 형제(정약종)이거나 조카사위(황사영), 또는 처남 매부지간(이승훈)이나 사돈(이벽)이니 그런 주장은 당연한 의심이기는 했다.

마침내 홍낙안의 주장이 받아들여져 정약용 형제가 한양으로 압송되었다. 한 사람은 경상도 장기에서, 또 한 사람은 전라도 신지도에서 한양까지 되돌아오는 긴긴 행로 끝에 두 사람이 대궐에 당도하자 홍낙안이 길길이 날뛰며 이렇게 소리쳤다.

"천 사람을 죽여도 정약용 하나를 죽이지 못하면 아무도 죽이지 못하는 것과 같다."

홍낙안의 서릿발 같은 한마디에 정약용은 절망 어린 한숨을 뱉었다. 정조 임금께서 떠나셨어도, 그리고 이미 모든 것

을 잃고 먼 남쪽 바다로 유배를 가 있어도 여전히 노론 벽파
의 화살이 자신의 심장을 향하고 있다는 사실이 너무나 한
심스러웠다.

마흔 살 정약용의 삶을 송두리째 부정하는 모진 고신이
다시 이어졌고, 그간 쌓아 올린 명예를 송두리째 짓밟는 매
질이 그의 몸을 짓부술 듯이 가해졌다. 어떤 말을 해도 들을
생각을 하지 않는 그들 앞에서 이제 정약용은 죽을 날만 기
다리는 신세가 되고 말았다.

지독한 고문을 당해 잠시 혼절했다가 얼핏 정신이 돌아오
면 정약용은 어렴풋이 그런 생각이 들었다. 이 모든 것은 마
음 내키는 대로 즉시 행하기만 하고 의심하거나 두려워하지
않았던 자신의 우둔함 때문이라고. 그만둘 수 있는 일임에
도 마음속으로 기쁘게 느껴지기만 하면 그만두지 못했던 나
약함 때문이기도 하다고.

정약용 형제에게 어떤 처벌을 내릴지 치열한 논의가 있었
다. 노론 벽파들은 극형에 처해야 한다며 목소리를 높이자, 대
신들의 중론이 그렇게 모이는 듯했다. 그런데 정약용에 대한
국문이 막바지로 치닫던 어느 날, 황해도 관찰사로 나가 있던
정일환鄭日煥이 돌아와 순조 임금께 이런 주청을 올렸다.

"정약용이 황해도에서 곡산 지방을 다스릴 때 남긴 칭송이 아직도 그곳에 자자한데, 만약 사형으로 논죄한다면 반드시 옥사를 잘못 처리했다는 비방을 들을 것입니다."

그러자 그동안 잠자코 입을 다물고 있던 신하들이 나서서 모든 정황으로 보아 정약용 형제의 혐의점은 찾아보기 힘드니 가혹한 처벌은 면해야 한다는 의견을 냈다. 하지만 노론들은 여전히 그들 형제를 엄하게 벌해야 한다고 소리쳤다. 오랜 논의 끝에 마침내 최종 결론이 났다.

"정약용은 전라도 강진현康津縣으로, 정약전은 전라도 흑산도로 정배定配시킨다."

조선의 형법에 따르면 중죄인은 곤장 100대를 맞고 유流 3,000리의 형刑을 받아 한양에서 가장 먼 경상도, 전라도, 함길도, 평안도의 바닷가나 변방의 고을로 보내졌다. 이런 결정은 필시 어떻게든 정약용 형제를 땅끝 멀리 보내고 싶어 했던 노론들의 입김이 강하게 개입했기 때문일 터였다.

전라도 강진은 한양에서 워낙 멀고 궁벽한 해안가 마을이라 조선 초부터 유배를 당해 쫓겨 가는 사람이 많았다. 그렇더라도 그곳도 사람이 사는 고을이니 견디지 못할 것은 아니니 묵묵히 받아들여야 했지만, 문제는 약전 형님이었다.

국문을 받아 몸이 너덜너덜해진 상태에서 전라도 끄트머

리까지 내려가 다시 배를 타고 절해고도 흑산도까지 건너가야 한다니, 웬만한 중죄인이 아니면 그런 처분을 받지 않음에도 형님에게 내려진 가혹한 처분에 너무 가슴이 저렸다.

전라도 강진으로 유배되다

1801년 11월, 두 사람은 전라도 나주 율정점栗亭店까지 함께 내려가는 동안 아무 말도 나누지 못했다. 차마 입이 떨어지지 않았다. 그저 빈 하늘만 멍하니 바라보며 긴 한숨을 거푸 뱉을 뿐이었다.

이제 헤어져야 한다. 두 사람은 옥玉으로 만든 조그만 도장을 나눠 가지며 심부름하는 사람이 오갈 때의 신표로 삼기로 했다. 그때 이후 두 사람은 각자의 유배지에서 집필하는 책의 자문이나 조언을 담은 서찰을 주고받기는 했지만 두 번 다시 만나지 못했다.

약전과 약용은 어릴 때부터 성격이 잘 맞아 젊은 시절 내내 가까이 지냈다. 맏형 약현은 나이 차이가 커 가까이하기 어려웠고, 셋째형 약종과는 지향하는 바가 달라서인지 공통분모가 별로 없었지만, 약전과 약용은 학문을 좋아한다는 면에서나 호기심이 많고 무엇에 꽂히면 반드시 이뤄내고야 만다는 면에서 매우 흡사했다.

약전은 1783년(정조 7년) 식년 생원시에 합격하고, 1790년(정조 14년) 증광 문과에 급제했다. 약용보다 네 살 위인데도 비슷한 시기에 합격한 것을 보면 공부하는 시간이 길었음을 알 수 있다. 이유가 있었다. 약전은 본래 대과에 뜻이 없었으나 동생의 끈질긴 권유로 벼슬길에 나섰기 때문이다.

이후 약전은 성균관의 정6품 관직인 전적典籍, 병조좌랑 등 여러 관직을 거쳤다. 동생보다 벼슬길이 화려하지는 않았지만, 묵묵히 자신의 길을 갔다는 점에서 그의 꾸준함을 알 수 있다.

약전은 소싯적에 권철신, 이가환, 이벽, 이승훈 등과 교류하면서 이익 선생의 개혁 사상에 심취하여 서학에 빠지기도 했지만, 아우와 마찬가지로 윤지충 사건 이후 천주교와 완전히 결별했다.

돌이켜보면 약용이 천주교를 알게 된 것도, 그리고 이가환, 이벽, 이승훈 같은 이들과 친하게 된 것도 모두 약전 형님 덕분이었다. 약용은 형의 뒤를 따르고 싶은 마음이 커서 형이 만나는 사람이면 누구라도 좋아했다. 반면에 약전은 동생이 나중에 고초를 겪는 것을 보며 모두 자기 탓이라고 자책했다고 한다.

역사가 중에는 정약용 형제의 퇴출은 노론들이 장래가 촉망되는 젊은 남인 학자들이 더 성장하기 전에 영구히 퇴출하려는 음모가 숨어 있었다고 말하는 이들도 있다. 정약용 형제의 천주교 전력도 문제지만, 그보다는 정치적으로 더 성장했다가는 장차 노론 세력의 걸림돌이 될 것을 우려한 조치였다는 것이다.

그랬기에 정조 말년에, 그리고 그가 죽은 다음에 남인 출신 당대 최고 지식인들은 물론이고 똑똑하고 재주 많은 젊은 학자들이 줄지어 죽임을 당할 수밖에 없었고, 그나마 정약용 형제는 간신히 살아남아 천 리 밖으로 유배형에 처해졌다.

정약전, 자산어보를 짓다

정약전은 한동안 흑산도 생활에 적응하지 못하고 시름시름 앓았다. 만사에 의욕을 잃고 식사도 제대로 하지 못했다. 그러다 간신히 정신을 추스르고는 거주하는 집에 복성재復性齋라는 서재를 만들고, 그 옆에 사촌서당沙邨書堂이라는 서당을 세웠다. 정약전은 한동안 여기서 몇 안 되는 섬의 아이들을 가르치며 유배 생활의 무료함을 달랬다.

그러다 섬사람들이 잡아 오는 물고기에 흥미를 느껴 하나둘 생선의 형태와 맛, 분포 등을 적어나갔다. 그 일을 지속하다 정약전은 바다생물의 세계에 한 발짝 더 들어가고 싶은 욕망을 느꼈다. 이때의 욕망이 그에게 수산학자, 해양학자, 생물학자라는 명예로운 이름을 선물했다. 이런 일은 그가 실용을 중시하는 학자였기에 가능한 선택이었을 것이다.

그리하여 정약전은 후세에 너무나 유명해진 《자산어보茲山魚譜》를 완성했다. 1책 3권으로 구성된 이 책은 당시 흑산도 연안에 서식하고 있던 우리나라 토종 어류와 조개류, 갑각류 등의 분포와 생태, 명칭과 쓸모 등을 자세히 서술하고 있다.

정약전은 그 밖에도 물고기들이 먹이를 포획하는 방법, 계절에 따라 분포하는 상황 등을 낱낱이 기술하고, 어류의 산란 과정을 비롯해 서식지에 따라 조금씩 다른 어류의 형태 등 직접 관찰하지 않고서는 알 수 없는 특징들을 적었다.

이 책에는 어류뿐만 아니라 다양한 해양 생물과 식물, 곤충 등을 분류하여 생긴 모양이나 습성, 서식지, 이용법, 약성藥性, 요리법까지 담고 있어 정약전의 실학적 안목을 유감없이 보여준다.

또한 단순히 기록만 한 것이 아니라 백성들의 경험에서 나온 지식을 그들의 언어로 기록했다는 점에서 특별한 가치를 지닌다. 이를 바탕으로 정약전은 그때까지 존재하던 중국식 어류 분류법을 따르지 않고 그곳 사람들의 방식대로 비늘이 있는 물고기鱗類, 비늘이 없는 물고기非鱗類와 같이 독자적인 분류법을 사용했다. 이 또한 정약전이 실학자이기에 가능한 일이었을 것이다.

《자산어보》는 실제로 정약전이 흑산도 바닷가에 살면서 물고기를 해부하거나 흑산도 어부들의 증언과 직접 관찰한 내용을 바탕으로 썼다는 점에서 특별하다.

이 책은 어류 백과사전인데도 도록圖錄이 없다. 약전이 동생과 책에 어류의 본래 모습을 그려 넣는 문제로 상의한 적이 있는데, 이때 약용이 이렇게 조언했다.

"그림은 믿을 게 못 되니 글로 자세히 서술하는 게 더 나을 것입니다."

동생의 말마따나 어떤 물고기를 아무리 열심히 그려도 본바탕 그대로 정확히 옮겨 놓을 수는 없으니 엉뚱한 그림이 나올 수 있다. 그런 사실을 알기에 정약전은 하나하나의 내용을 매우 상세하게 글로 묘사함으로써 눈으로 보는 듯한 느낌이 나도록 집필했다.

정약전이 흑산도에서 만난 사람 중에 '창대'라는 젊은이가 있었다. 그는 정약전이 물고기의 생태에 대해 도움을 준 사람으로 실질적으로 《자산어보》의 제2 저자라 해도 과언이 아니었다.

정약전은 어부들 중에 글을 읽을 줄 알며 관찰력이 남달랐던 창대의 도움으로 물고기의 생태에 관한 정보를 더 상세하게 수집하여 조사해 나갈 수 되었다. 두 사람은 정약전이 죽을 때까지 동지이자 양아들 같은 관계를 이어 나갔다.

정약전은 《자산어보》 말고도 《표해시말漂海始末》이라는 책도 지었다. 이 책은 전라도 신안에 사는 어물장수 문순득文順得이 홍어를 싣고 바다에 나갔다가 풍랑을 만나 표류하는 바람에 정처 없이 떠다니다가 류큐국琉球國, 지금의 오키나와, 마카오, 필리핀 루손 섬 등에 머물렀던 이야기를 담고 있다.

오랜 방랑 끝에 용케 조선에 돌아온 문순득이 흑산도에 들렀다가 정약전을 만나 자신의 이야기를 전해주었고, 이에 정약전은 흥미진진한 그의 이야기를 날짜별로 정리해서 책을 완성했다.

문순득의 증언에 의하면, 그가 25세 때인 1802년 1월 18일 작은아버지를 비롯한 5명과 함께 배를 타고 흑산도 인근의 작은 섬마을에서 홍어를 사들여 돌아오다가 갑자기 풍랑을 만나게 되었다. 결국 문순득의 배는 이리저리 흔들리며 정처 없이 떠내려가서 일본 류큐 섬에 닿았다.

류큐 섬에서 9개월 동안 머물던 문순득은 1802년 10월에 중국으로 출발했지만, 다시 풍랑을 만나 표류한 끝에 11월에 필리핀 루손 섬에 당도하게 되었다. 문순득은 여기서 8개월 동안 머물다 1803년 9월 상선을 얻어 타고 마카오에 도착했다가 12월 중국 광동을 거쳐 1804년 4월 남경에 이르렀다.

그리고 한 달 뒤에 북경에 이르러서야 조선에서 온 관료들을 만나 귀국길에 오르고, 1805년 1월에 3년 만에 고향집으로 돌아왔다. 당시 조선 사회에서 이렇게 단독으로 동아시아 일대를 유랑한 사람은 존재하지 않았기에 문순득의 경험은 매우 특별했다.

이런 믿을 수 없는 이야기를 전해 들은 정약전은 문순득의 경험을 낱낱이 기록했다. 이 책은 조선 사람 최초로 동남아 일대를 유랑하고 돌아온 사람의 삶을 조명한 특별한 기록으로 높이 평가받고 있다.

그러나 정약전의 원고는 유실되고, 나중에 흑산도로 유배 온 유암柳菴이라는 선비가 문순득의 증언을 듣고 다시 쓴 내용이 그의 문집에 실려 전해지고 있다.

《표해시말》의 집필을 계기로 문순득은 정약전을 아버지처럼 존경하며 함께 지내게 되었다. 그는 정약전이 사망했을 때 극진하게 장례를 치르는 등 마지막까지 최선을 다했다. 정약용 또한 형을 통해 문순득의 헌신을 알고 있었기에 그가 아들을 낳았을 때 이름을 지어주고, 형의 장례를 성의껏 치러준 것에 대해 감사의 편지를 보내기도 했다.

정약전은 이 밖에도 조선의 소나무 정책을 비판한 《송정사의松政私議》를 비롯해서 〈자산역간〉, 〈논어난〉, 〈동역〉 등 다양한 책을 편찬했다. 동생이 그랬듯이 정약전 또한 읽고 쓰는 일의 무한 반복을 통해 유배 생활의 외로움을 달랬다.

정약전은 유배 중이던 1807년에 외아들 학초學樵를 잃었다. 열일곱 살이었던 학초는 오랜 병환 끝에 자식도 없이 숨을 거둬 부모의 마음을 무너지게 했다.

정약전은 1817년 6월, 유배 온 지 16년 만에 내흑산도우이도牛耳島에서 60세를 일기로 사망했다. 형의 부고를 듣고 정약용은 다산초당 부근의 고갯마루에서 강진만을 내려다보며 매일 형을 그리워하며 아픔을 되씹었다고 한다.

둘째형 약전의 죽음으로 이제 그의 형제는 이복형제인 첫째형 약현과 또 다른 이복형제인 막내 약횡만 남았다. 이번에 약전이 숨을 거두고, 약종이 신유박해로 죽었으니 윤씨 부인의 소생으로는 약용만 남았다.

첫째 약현은 진사 시험에 합격했지만 집안의 기둥으로 평생을 정씨 집안의 살림을 챙기며 살았다. 천주교로 인해 집안이 풍비박산이 나는 것을 온몸으로 겪으면서도 묵묵히 가문을 지켜낸 것이다. 또 다른 이복형제로 서자이자 막내아들인 약횡은 한의원을 열어 뛰어난 의술로 이름을 떨쳤다. 남인 출신이 아니고, 천주교가 아니었다면 누구보다 다복하고 평온했을 정씨 집안이 시대를 잘못 만나 온 가족이 거센 폭풍우를 견뎌야 했다.

6

부러지지
않는
마음

아들에게 보낸 정약용의 편지는 부러지지 않는 마음으로 살겠다는 단호한 의지가 행간에 가득하다. 정의롭지 않은 것과는 절대 타협하지 않겠다는 의지가 꿈틀대는 아버지의 서찰을 읽고, 아들은 그런 인간들과 손을 잡으라고 청한 자신이 부끄러워 엉엉 울었다고 한다.

유배생활, 작은 책상과 마주하다

정약용에게 전라도는 그리 낯선 땅이 아니었다. 열여섯 살 때 아버지가 화순 부사로 부임하면서 함께 와서 지낸 적이 있기 때문에 남녘의 산과 들이 낯이 익었다. 게다가 상신은 화순에서 아래쪽으로 얼마 되지 않는 곳에 있어 내려가는 내내 어린 시절 추억이 떠올라 가슴이 먹먹했다.

나주에서 강진으로 내려가려면 영산강을 건너고 월출산을 넘어야 하는 여정이 남아 있었다. 때는 이미 동절기라 매서운 겨울바람이 온몸을 찔러 가뜩이나 시린 마음을 더욱 얼어붙게 했다.

1801년 11월, 마흔 살 끝자락의 정약용은 마침내 유배의 땅 강진에 도착했다. 탐진강 물줄기가 남쪽으로 흘러내려 바다로 향하기 전에 잠시 머무는 강진만은 아름다운 풍광으로 이름난 곳이지만 정약용이 지친 몸을 끌고 그곳에 닿았을 때는 하늘도 땅도 꽁꽁 얼어붙은 탓에 몸 하나 건사하기도 힘들었다. 하물며 유배를 당해 찾아왔으니 오죽할까.

더구나 정약용은 강진에 온 지 며칠이 지나도 쉽사리 거처를 마련할 수도 없었다. 원래 유배형을 받으면 형조에 소속된 나장羅將들이 죄인을 유배지까지 압송하여 해당 고을의 수령에게 인계한다. 그러면 수령은 죄인을 보수주인保授主人에게 넘기게 된다. 보수주인은 그 고을의 유지로, 죄인이 머물 배소配所를 제공하고 도망치지 못하도록 관리 감독을 한다.

그러나 강진에 도착했을 때 누구도 정약용을 거들떠보지 않았고, 심지어 아전들마저 슬금슬금 피했다. 이는 강진 현감 이안묵李安默의 명에 따른 것이었다. 이안묵은 정약용이 유배되어 온다는 소식을 듣고 쾌재를 불렀다. 왕족의 먼 일가붙이로 나름 뒷배가 든든했던 그는 한양에 있을 때는 노론의 앞잡이로 활동하며 천주교도는 물론이고 남인이라면 눈에 불을 켜고 짓밟아 버릴 기세였다.

그러나 평소에 언행이 천박한 탓에 크게 중용되지 못한 이안묵은 여러 곳을 전전하다 전라도 관찰사를 보좌하는 전라도사全羅都事로 일했고, 얼마 뒤 강진 현감을 맡게 되어 정약용과 운명처럼 만나게 되었다. 정약용은 이안묵이 1804년 4월에 삭탈관직 되어 경상도 남해로 떠날 때까지 그의 서슬

퍼런 감시 속에 근근이 유배 생활을 이어가야 했다.

한동안 거처를 잡지 못하던 정약용은 어렵사리 읍성 동문 부근에 있는 주막집의 골방을 얻어 이곳에서 4년간 지내게 된다. 주민들 모두 정약용을 회피했는데 주막집 늙은 주모만이 불쌍히 여겨 골방을 내주었던 것이다.

겨우 안정을 찾은 정약용은 이곳을 '네 가지를 올바로 하는 이가 거처하는 집'이라는 뜻의 '사의재四宜齋'라 칭하고 마을의 아이들을 모아 천자문이나 소학을 가르치기 시작했다. 그렇게라도 해야 입에 풀칠이라도 하고, 무료함을 달랠 수 있기 때문이었다. 정약용은 '사의재기四宜齋記'에 이렇게 적었다.

생각은 담백해야 하며

담백하지 않으면 빨리 맑게 해야 하고,

외모는 장엄해야 하며

장엄하지 않으면 빨리 단정히 해야 하고,

말은 적어야 하니

그렇지 않으면 빨리 그쳐야 하고,

움직임은 무거워야 하며

무겁지 않음이 있으면 빨리 더디게 해야 한다.

강진에 와서 그나마 한 가지 위안이 되는 것은 외갓집이 있는 해남 윤씨 집성촌이 강진에서 그리 멀지 않다는 것이었다. 강진에 온 지 얼마 뒤에 외가 쪽 친척 윤광택尹光宅이 생활용품 꾸러미를 보내왔고, 이런 일이 여러 차례 이어졌다.

그 어느 것보다 고마운 선물은 '서안書案'이었다. 좌식 생활을 하던 당시 풍습에 따라 언제든 붓을 들어 글을 써 내려갈 수 있는 저평형 책상으로, 당시 선비들은 서탁書卓, 또는 경상經床이라고도 불렀다.

검박한 정약용의 성품대로 어떠한 꾸밈도 없이 책상 그 자체 역할만 하는 이 서안을, 정약용은 강진에서 유배 생활을 하는 동안은 물론이고 유배가 끝나고 고향에 돌아가서도 늘 곁에 두었다. 그만큼 정이 깊이 든 물건이었기 때문이다.

게다가 윤광택은 마음껏 글을 쓰라는 뜻에서 종이가 가득 들어 있는 종이함, 다양한 종류의 붓이 들어 있는 필통과 묵죽통, 향합香盒까지 온갖 문방 사물들을 넉넉히 챙겨주었다. 정약용은 여러 번 윤광택의 손을 잡아주며 고마움을 전했다.

마음이 더없이 흡족해진 정약용은 하루에도 몇 번씩 책상을 어루만지며 집필 계획을 다시 살피곤 했다. 조금 피곤한 날에는 책상에 그냥 엎드려 잠깐 낮잠을 잘 때도 있을 만큼

끼고 살았다. 그만큼 책상은 강진에 와서 그의 마음을 받아준 유일한 벗이었다.

처음엔 정약용도 몰랐을 것이다. 유배 생활이 생각보다 길어지고, 그러다 보니 집필한 책 또한 많아져서 182책 508권의 방대한 저술 작업을 하게 될 줄을. 오로지 이 작은 책상에 맞대고 앉아서 그토록 많은 책을 짓게 될 줄을 그도 몰랐을 것이다.

얼마 뒤 큰아들 학연이 찾아와 고향에 있는 가족과 일가 친척들의 안부를 전하고, 일상생활에 필요한 여러 가지 물품들을 챙겨주었다. 앞으로 학연은 강진과 고향 마을을 오가며 온갖 심부름을 해줄 것이어서 한없이 미안하면서도 한결 마음이 놓였다.

정약용은 장차 강진에서 어떻게 지낼 것인지 다 마음에 두고 있었다. 경상도 장기에서 그랬던 것처럼 저술 작업을 계속해 나갈 것이다. 정약용은 한 사람의 실학자로서 조선의 미래를 위해 작은 주춧돌을 놓겠다는 심정으로 붓을 들었고 온마음을 다해 글을 써내려갔다.

이런 계획에 따라 맨 처음으로 《예기禮記》의 〈단궁편〉에 나오는 상례喪禮의 내용 중에서 조선 사회의 형편에 불합리하다고 여겨지는 부분에 대해 논변한 〈단궁잠오^{檀弓箴誤}〉를 지었다. 정약용의 초기 집필 방향은 이렇게 사서오경에 나오는 내용 중에서 잘못 해석되거나 원본에서 모순적인 부분을 찾아 새롭게 해석하는 것으로 시작되었다.

다음에는 유교적 관점에서의 장례 절차와 제사, 조문 등에 관한 내용을 담은 〈조전고^{弔奠考}〉를 탈고했다. 유교의 전통 의식에서 장례 문화는 매우 중요한 일인데도 몹시 복잡해서 해석 여하에 따라, 그리고 가문의 전통에 따라 순서가 바뀌는 경우가 많았다. 이에 정약용은 백성들에게 맞는 올바른 장례 예법을 알리고자 이 책을 썼다. 그 밖에도 정약용은 그해 겨울에 상례를 치르는 방식과 예법에 맞는 복식^{服飾}을 설명한 〈예전상의광^{禮箋喪儀匡}〉도 마쳤다.

뒤이어 정약용은 아동을 위한 한자 학습서인 〈아학편훈의^{兒學編訓義}〉를 탈고했다. 《아학편훈의》는 기존의 《천자문》이 조선의 아동 교육에 부적절하다는 인식하에 그 대안으로 만든 책으로, 백성들의 일상생활에 필요한 한자를 중심으로 해서 2,000자로 구성되었다.

그가 《아학편훈의》를 탈고한 것은 마흔세 살이던 1804년 봄이었다. 강진 생활에 적응하느라 집필 속도가 느리기도 했지만, 자료 부족이 제일 큰 문제였다. 집필하다 막히면 관련 도서를 찾아보며 보충해야 하는데 기억에만 의존하니 결과물이 너무 더디게 생산되었다.

그렇더라도 소싯적부터 워낙 독서량이 많고 거기서 얻은 지식을 하나하나 머릿속에 쟁여두고 있는 정약용은 쉼 없이 붓을 들거나 책의 집필 계획을 세웠다. 남는 것이 시간인데 서두를 일이 아니었다.

그는 저술 작업에 매달리면서도 틈틈이 고향에 있는 두 아들에게 편지를 썼다. 두 아들을 생각하면 늘 가슴이 무너지는 기분이었다. 셋째형님의 집안이 몰살되다시피 한 상황에서 둘째형님과 자신마저 천리 밖으로 유배를 왔으니 압해 정씨 집안은 이제 멸문滅門에 가까운 폐족廢族이나 다름없었다.

그런 상황에 두 아들이 무슨 마음으로 인생의 목표를 세우고 공부에 매진하겠는가. 공부는커녕 무슨 정신에 살아갈 의욕을 찾겠는가. 정약용은 두 아들을 직접 가르치지 못하는 아쉬움에 시간이 나는 대로 붓을 들어 편지를 썼다.

마음대로 웃고 즐기며 지내는 것이 안 될 게 뭐가 있겠느냐.

하늘마저 감동하게 할 효자라면 아버지가 귀양살이하는 것을 생각하며 슬픔 속에 초췌한 몰골로 나다니는 것이 예법에 맞기는 하지만, 너희들은 평범한 사람이니 때때로 웃고 즐기는 것이 자연스럽게 늘 있는 일이다.

군자는 의복을 바르게 하고 시선이 위엄 있으며, 장중하고 고요하고 단정하게 앉아 마치 흙으로 만든 인형처럼 위엄이 있고, 말과 글은 진실하고 엄격하며 바르게 해야 한다. 이렇게 한 후에야 다른 사람들 앞에 권위가 생겨 그들을 이해시킬 수 있고 명성이 오래가고 멀리 퍼지는 법이다.

지난번에 네 형이 왔을 때, 시험 삼아 술 한 잔을 권했더니 취하지 않더구나. 그때 너의 주량을 물었더니 너는 형보다 배도 넘게 마신다고 하더라. 아버지의 독서벽은 계승하지 않고 술만 잘 마셔서야 되겠느냐. 참으로 술맛이란 입술을 적시는 데 있으니, 부디 그런 습관을 갖기 바란다.

무릇 재화를 비밀리에 숨겨두는 방법으로는 남에게 베풀어주는 것보다 더 좋은 게 없다. 베풀어주면 도적에게 빼앗길 염려도 없고 불에 타버릴 걱정도 없고 소나 말로 운반하는 수고로움도 없다. 또한 자기가 죽은 후 꽃다운 이름을 천년 뒤까지 남길 수도 있다. 세상에 이처럼 큰 이익이 있겠느냐.

정약용은 두 아들에게 보내는 편지에 늘 미안한 마음을 담아 보냈다. 왜 그렇지 않겠는가. 그는 늘 한 집안의 가장으로서 홀연히 집을 떠나게 되어 집안 살림을 곤경에 빠뜨렸다는 미안함과 그럴수록 자식들의 교육을 챙겨야 한다는 책임감을 느꼈다.

정약용이 두 아들에게 보낸 편지는 유배 생활 내내 이어져서 엄청난 양이 쌓였고, 현대에 이르러서는 이것들만은 모아 한 권의 책으로 출판되기도 했다. 편지글을 읽다 보면 때로는 잔소리가 지나치다 할 정도로 시시콜콜 따지거나 책망하는 경우도 있는데, 이런 모습이야말로 정약용도 자식들 때문에 노심초사하는 한 사람의 아버지였음을 말해준다 할 것이다.

백련사 혜장스님과의 만남

1804년 늦은 봄날, 정약용은 만덕산萬德山 백련사白蓮寺에서 혜장스님을 만났다. 그날 정약용은 천리 밖으로 유배를 와서 오랜만에 지식인을 만나 속 깊은 대화를 나누었고, 이 일을 계기로 두 사람의 우정이 오랫동안 이어졌다.

조선시대 선승禪僧들은 억불숭유의 시대적 배경 속에서도

선禪의 수행을 이어 나가며 불교를 지키고 후학을 양성하는 데 힘을 썼다. 서산대사와 사명대사가 대표적이다. 이들은 또한 불가서佛家書에만 안주하지 않고 유학의 경서도 탐독하며 배움의 깊이를 더했는데, 혜장스님이 그런 사람이었다. 후에 정약용은 〈아암탑문兒菴塔文〉이라는 글을 통해 혜장스님과의 만남을 회고했다.

"내가 강진에 귀양 가 있을 때 아암兒菴, 혜장스님의 호이 백련사에 와서 지냈는데, 급히 나를 만나보고자 했다. 그래서 어느 시골 노인을 따라가서 내 신분을 속이고 그를 만났다. 그와 한나절을 이야기했는데, 내가 누구인지 알아채지 못하는 것 같았다. 이윽고 해가 저물어 작별하고 돌아오는 길인데, 아암이 종종걸음으로 뒤쫓아 와서 머리를 조아리고 합장하여 말하기를 '공公께서는 어찌하여 이렇게까지 사람을 속이십니까? 제가 밤낮으로 뵙고 싶었는데, 공께서는 차마 이러실 수가 있는 것입니까.'"

그날 두 사람은 백련사에서 함께 묵으며 주역에 관한 이야기를 나누었고, 이후로도 여러 차례 만나 경전 이야기로 꽃을 피웠다. 정약용은 나중에 이렇게 적었다.

"내가 강진에 있을 때, 아암이 찾아오는 일이 잦아져서 그에게 주역의 정미精微한 말과 오묘한 뜻을 부연 설명해 줄 수 있었다.”

어느 날, 혜장스님이 번잡한 주막을 떠나 인근에 있는 고성사^{高聲寺}의 보은산방^{報恩山房}으로 옮기면 어떻겠느냐고 물었다. 고려 후기에 창건된 고성사는 백련사의 말사^{末寺}였다.

사실 주막집 골방에서 보낸 시간은 옹색한 나날의 연속이었다. 선뜻 방을 내어준 주모의 배려는 천만번 고맙지만 아이들을 가르치고, 책을 쓰고, 명상에 잠기는 일을 지속하기에는 임청난 인내를 요구하는 환경이었다. 정약용은 혜장스님의 권유를 고맙게 받아들여 4년간 머물렀던 주막집을 떠났다.

그때는 학연이 강진에 내려와 있었다. 유배 생활 중에 가족을 동반하는 일이 허락되기에 가능한 일이었다. 정약용은 예전에 자신이 아버지로부터 교육을 받았던 것처럼 아들을 비롯한 강진의 제자들과 마주 앉아 기초적인 경전을 가르쳤다.

간혹 제자들이 의심나는 점을 물으면 답을 하여 하나하나 기록해 놓은 것이 쌓였는데, 이를 묶어 〈승암문답^{僧庵問答}〉이라 이름 붙였다. 이 책은 제자들과 주고받은 문답을 일일이 기록함으로써 사제지간의 토론을 통한 교육이라는 정약용만의 독특한 훈육법을 보여준다.

1806년 가을에 보은산방에서 제자 이정^{李晴}의 집으로 옮겼다. 보은산방이 편하기야 하지만 그곳은 원래 스님들의 거처로 오래 머물기는 어려운 일이었다. 스님들과의 관계는 늘 무난했지만 언제까지나 폐를 끼칠 수는 없는 노릇이었다.

이정은 정약용이 《대동수경^{大東水經}》이란 책을 짓는 데 큰 도움을 준 제자이기도 했다. 《대동수경》은 한반도 북부에 있는 주요 하천의 유로^{流路}와 주요 지류의 경로를 기록하고 하천이 통과하는 지역의 지명과 역사적 사실을 기록한 자연 지리서로, 1822년에 이정이 스승의 뜻에 따라 내용을 한층 더 수정 보완하여 편찬했다.

1807년 5월, 학연의 아들이자 장손인 대림이 태어났다. 정약용의 나이 46세에 할아버지가 된 것이다. 그리고 그해 7월에 둘째 형님의 외아들 학초가 열일곱 나이에 죽었다는 소식을 접했다.

학초의 갑작스러운 죽음은 이미 많은 것을 상실한 압해 정씨 가문에 또 하나의 비극으로 기록되었다. 학초는 매우 똑똑하고 학문을 좋아해서 정씨 집안에서 촉망받는 아이였고, 둘째 형님도 그렇지만 정약용조차도 학문적 후계자로 삼을 생각을 해왔는데 유달리 병약한 것이 문제였다. 그러다 갑자기 유명을 달리했으니 결국 둘째 형님의 집안은 대가 끊어지고 말았다.

마침내 다산초당의 시대가 열리다

47세이던 1808년 봄, 정약용은 만덕산 자락에 있는 윤단尹博의 초당草堂으로 거처를 옮겼다. 말 그대로 작은 초가집이지만, 그곳은 18년 유배 생활 중에 마지막 거처가 되었다. 정약용은 여기서 강진 생활의 마지막 10년을 보내면서 오늘날까지 회자되는 무수히 많은 명저들을 집필했다.

윤단은 윤두서 선생의 손자로 이곳을 오랫동안 산장으로 삼고 있었는데, 정약용에게 초당을 내준 사람은 윤단의 아들인 윤규로尹奎魯였다. 정약용은 백련사에 들를 때마다 혜장 스님과 함께 이곳 주변을 산책했었고, 이곳에서 열흘 정도 머문 적도 있었다.

정약용은 이곳의 모든 것이 너무 좋았다. 만덕산에 오르면 저 아래로 강진만이 내려다보이는 경관이 너무나 아름답고 고즈넉해서 유배 생활의 번뇌를 씻고 오로지 학문 연구에 몰두하기에 더없이 좋은 곳이었다. 더구나 지척에 백련사가 있어 언제든 마실을 다녀올 수 있어 좋았다. 그의 속내를 눈치챈 윤규로는 이곳을 선뜻 권했고, 정약용은 고맙게 받아들였다.

정약용은 이곳으로 옮긴 뒤 오랜만에 신바람이 났다. 장시간의 떠돌이 생활로 인한 불편을 끝내고 이토록 근사한 거처가 생기다니 꿈만 같았다. 정약용은 학연을 비롯해서 제자들과 이웃 사람들의 도움을 받아 이삿짐을 옮긴 뒤 제일 먼저 초당 아래로 축대를 쌓고 꽃나무를 심었다. 초당 옆에는 작은 연못을 파고 물을 끌어다 작은 폭포도 만들어 멋을 냈다.

작업을 하는 동안 정약용의 얼굴에서 미소가 떠나지 않았다. 오랜만의 노동으로 땀이 비 오듯 했지만 하나도 힘들지 않았다. 새집을 갖게 되었다는 기쁨도 컸지만, 이제야말로 본격적으로 저술 작업을 하게 되었다는 안도감이 그의 몸을 가볍게 했다.

유배 생활을 하는 몸인데 이런 호사를 누리는 경우는 흔치 않을 것이다. 정약용은 만덕산의 모든 것이 마음에 들어서 자다가도 웃음이 나올 지경이었다.

만덕산은 예로부터 차나무가 많아 '다산茶山'이라고 불렸다. 예전부터 차를 좋아하는 정약용은 '다산'이라는 단어가 너무 좋아 당장 자신의 호로 삼았고, 이때부터 정약용은 '다산'이라는 다정다감한 호로 불리게 되었다.

산정의 이름도 '다산초당茶山草堂'이라 지었다. 그동안 모아 두었던 서적들을 책장에 꽂거나 쌓아 놓아 세상 그 누구의 집필실도 부럽지 않은 그만의 서재를 만들어 놓았다. 한양에서 벼슬살이할 때도 누려 보지 못한 사치였다.

다산초당은 이름에서 알 수 있듯이 원래는 초가집이었으나 50년대에 기와집 형태로 바뀌어 오늘에 이르고 있다. 오늘날까지 남아 있는 다산초당의 현판 글씨는 추사 김정희金正喜의 작품이다. 정약용보다 24년 정도 늦게 태어난 추사는 그 또한 북학파에 속한 실학자였으니 정약용을 익히 알았다. 사실 추사 김정희는 한 세대 위인 종약용의 학문과 개혁 사상에 공감하고 존경했다고 한다, 그래서 나중에 다산을 기리는 의미로 현판 글씨를 쓰게 되었다.

더구나 나중에 추사와 정약용 사이를 연결하는 사람이 나타나니, 바로 초의선사草衣禪師였다. 그가 어느 날 다산초당에 찾아와 가르침을 청했고, 이후 그는 다산에게 유학과 시문詩文을 배웠다. 초의선사는 다례茶禮의 권위자로, 유명한 '동다송東茶頌'을 지을 만큼 차에 관한 권위자여서 다산으로서는 차에 대한 지식을 더 많이 쌓을 수 되었다.

좋은 일이 이어졌다. 해남 윤씨 종가에는 '만권당萬卷堂'이라는 장서각이 있었다. 전라도 제일의 명문가인 해남 윤씨 집안은 학식 높은 선비들을 많이 배출했기 때문에 다른 가문에는 유례를 찾아보기 힘들 정도로 많은 양의 책을 소장하고 있었다. 그러니 그가 필요할 때는 언제든 책을 양껏 빌려 볼 수 있었다. 예전에 동문의 주막에 얹혀살 때나 제자 이정의 집에 머물 때는 원하는 책이 있어도 보관할 공간이 마땅치 않으니 망설이고 주저했지만, 이제는 공간이 넉넉하니 그럴 필요가 없었다.

죄인의 몸으로서는 유배지를 벗어날 수 없으니 필요한 책의 목록을 만들면 아들 학연이나 제자가 냉큼 달려가 가져오는 식으로 지식의 갈증을 채웠다. 이때부터 밀렸던 집필 작업이 속도감 있게 진행되었고, 당연히 집필 계획도 대폭 늘어나게 되었다.

얼마 뒤, 다산초당을 거리낌 없이 내주었던 윤규로가 찾아와 그의 아들 넷과 조카 둘을 다산에게 맡겼다. 이미 강진 고을 유지들의 자식들을 여럿 가르치고 있었기 때문에 어렵지 않은 일이라 흔쾌히 응낙했다.

다산이 강진에 온 지도 어언 8년여가 지났으니 처음에 가르쳤던 코흘리개 아이들이 어느새 10대 중반이 되었고, 조금 나이가 많은 아이들 중에는 벌써 장가를 간 경우도 있었다. 개중에는 자기는 아무리 애를 써도 공부는 영 글러 먹었으니 스승님 뒷바라지나 하겠다며 청소며 심부름이며 허드렛일하는 아이도 있었다.

그런가 하면 다산초당을 드나드는 손님도 발길이 끊이지 않았다. 전라도 어딘가에서 유배 생활을 마치고 귀경하는 길에 잠시 다산초당을 찾는 예전의 동료도 있었고, 벼슬살이를 때려치우고 낙향을 택한 선비들도 간혹 그를 찾았으며 호남 일대의 학문하는 이들도 그를 만나기 위해 줄을 이었다.

다산은 그들을 기꺼이 응대하며 많은 이야기를 나누었지만, 대궐의 정치 이야기만은 절대 사절했다. 괜한 구설에 몸을 다치는 일은 더 이상 사양하고 싶었기 때문이다. 이후 여러 해 동안 다산은 다음과 같은 책을 지었다.

- 〈다산문답〉 – 제자들과 《주역》에 대해 나눈 문답집
- 〈제례고정祭禮考定〉 – 예禮의 정신에 부합하는 가례家禮를 새롭게 규정한 책
- 《주역심전周易心箋》 24권 – 《주역》 해설서
- 〈독역요지讀易要旨〉 18칙 – 《주역》을 읽는 데 요구되는

기본적인 요령을 제시한 책

· 《역례비석易例比釋》 - 《주역》의 괘사卦辭에 대해 해설하는 책

· 《주역서언周易緖言》 (12권) - 《주역》 해설서

· 《대상전大象傳》 - 《주역》 해설서

· 《시괘전蓍卦傳》의 주해注解 - 《주역》 해설서

· 《예전상복상禮箋喪服商》 - 장례 의복에 관한 해설

· 《상례외편喪禮外篇》 총 12권 - 상례 해설서

· 《시경강의詩經講義》 - 《시경》의 강의 해설서

· 《관례작의冠禮酌儀》 - 아이가 성년이 되는 의식에 관한

예법을 해설한 책

· 《가례작의嘉禮酌儀》 - 왕실의 혼례 의식과 관련된

의절儀節을 자세하게 기록한 책

· 《소학주관小學珠串》 - 아동 교육을 위한 해설서

다산의 초기 작품 목록을 보면 유독 《주역》에 대한 해설과 우리 실정에 맞게 설명하는 예의범절에 관한 책이 많다는 사실을 알 수 있는데, 이는 그가 실학자이기 이전에 한 사람의 유학자였음을 반증한다 하겠다.

《주역》은 중국 주周나라 시대의 경서로 천문, 지리, 물상物象을 음양의 변화 원리에 따라 설명한 경전이다. 《시경》, 《서

경》과 함께 삼경三經의 하나인 《주역》은 음양의 원리를 풀이하는 점서占書로서 해석하는 사람에 따라 판이한 결과가 나오기 때문에 학문적 식견과 철학적 안목을 요했다.

다산은 이 기회에 주역에 대한 새로운 시각의 해설을 통해 후학들에게 가르침을 전하고 싶어 했다.

특히 《주역심전周易心箋》은 24권에 달하는 방대한 분량으로 《주역사전周易四箋》으로 불리기도 한다. 그가 유배 생활 중에 집필한 《주역》 관련 도서들을 한곳에 모아놓은 책으로, 제목에서 보이는 〈箋〉은 '주해'라는 뜻이다. 다시 말해서 《주역》의 본문이 말하는 뜻을 일일이 주註를 달아 알기 쉽게 풀이한 책이라는 것이다.

이 책이 특별한 이유는, 둘째아들 학유가 한곳에 모으고 정리했다는 점이다. 강진 땅에 머무는 아버지를 대신하여 고향에 전달되어 온 집필 완료 원고들을 한 땀 한 땀 정성을 다해 정리한 것이다.

아내가 보내준 눈물겨운 선물

1810년 봄 어느 날, 고향에서 부인 홍씨가 보따리 하나를 보내왔다. 아내가 이런저런 일용품이나 살림에 보탬이 되는 물건을 보내주는 것은 흔한 일이어서 무심히 보따리를 풀었다가 다산의 심장이 쿵 하고 내려앉고 말았다.

한동안 멍한 눈으로 보따리 안의 내용물을 바라보던 다산의 눈에서 굵은 눈물이 흘러내렸고, 다음 순간 그는 그것을 가슴에 꼭 안아 들었다. 그것은 아내가 열여섯에 그에게 시집올 때 입고 왔던 붉은색 치마였다. 비록 세월이 오래되어 빛이 바랬지만, 그래도 눈이 부시도록 붉은 노을빛은 그대로였다.

신랑 정약용은 열다섯, 신부 홍혜완은 열여섯, 그 꽃다운 시절에 꽃같이 예뻤던 각시가 혼인한 지 34년이 지나도록 고이 간직하고 있던 치마를 그에게 보내준 뜻을 알기에 자꾸만 눈물이 났다. 그것은 남편을 향한 사랑과 그리움의 표현이었다. 두 사람은 유난히 금실이 좋았다. 6남 3녀를 낳을 만큼 다복했고, 일찍 유명을 달리한 다른 아이들과는 달리 건강하게 살아남은 아들 형제가 남달리 효자여서 다른 사람들의 부러움을 샀다.

그렇더라도 가장이 집을 비운 지 어언 10년이 다 되어간다. 그 헛헛함을 어찌 다 말할 수 있으랴. 아내는 그 애달픈 심정과 지아비를 향한 그리움을 이렇게 나타낸 것이다. 다산은 한참을 울었다. 유배 생활을 하는 동안 단 한 번도 눈물을 흘리지 않았던 그였지만, 아내가 보내준 보따리 앞에서는 눈물을 멈추지 못했다.

다산은 이 치마를 일일이 조각내어 자르고 종이를 덧대고는 조그만 서첩을 만들고, 이를 '하피첩霞帔帖'이라 이름 붙였다. '붉은 노을빛 치마로 만든 첩帖'이란 뜻이다. 그러고는 거기에 두 아들에게 학문하는 선비로서 가져야 할 마음가짐과 삶의 지혜 등을 담은 글을 썼다. 그 편지 형식의 글 속에는 또한 아내의 사랑과 헌신에 대한 고마움, 그리고 자녀들에 대한 애틋한 마음도 담겨 있었다. 다산은 이때의 일을 이렇게 적었다.

> 강진에서 귀양살이 중에 병든 아내가 낡은 치마 다섯 폭을 보내왔다. 그것은 아내가 시집올 때의 예복으로, 붉은빛은 흐려지고 노란빛은 엷어져 글을 쓰는 바탕으로 알맞았다. 이것을 잘라서 작은 첩帖을 만들고, 손이 가는 대로 훈계하는 말을 써서 두 아들에게 보냈다. 훗날 이 글을 보고 감회를 일으켜 부모의 흔적과 손때를 생각한다면 틀림없이 그리는 마음이 뭉클하게 일어날 것이다.

다산은 이 치마를 마름질해 네 첩의 서첩을 만들었다. 그중 현재 남아 있는 것은 세 첩으로, 첩의 순서는 알 수 없다. 남아 있는 세 첩 가운데 두 첩의 서문에는 각각 '1810년 수추首秋'와 '1810년 국추菊秋'라고 적혀 있다. 각각 '가을의 첫머리'와 '국화꽃이 피는 가을'이다.

서문에는 '아내가 보내준 낡은 치마 다섯 폭을 잘라 작은 첩을 만들고, 경계하는 말을 써서 두 아이에게 준다'는 글을 적었다. 본문은 선비에게 필요한 마음가짐이나 삶의 태도 등 아들들에게 교훈을 줄 만한 내용이다. 이것을 받아 든 두 아들의 감회가 어떠했을까.

격랑의 시대를 멀리서 바라보며

세월은 속절없이 흘렀다. 외부 세계와 단절하고 살아가는 다산에게도 간간이 대궐 소식이 전해지긴 했지만, 관심이 없으니 남의 얘기인 것만 같았다.

다산이 유배 온 지 8년 만인 1810년에는 이미 정순왕후가 수렴청정을 끝낸 지 4년이 지난 것은 물론이고 그로부터 1년 뒤인 1805년에 사망함으로써 온전히 순조 임금의 시대가 열려 있었다.

그러나 순조는 여전히 임금의 권능을 잃고 간신히 임금

의 자리를 지키는 허수아비에 지나지 않았다. 순조의 장인 김조순을 중심으로 하는 안동 김씨 세력들의 세도정치가 극성을 떨어 그들이 권력을 틀어쥐고 이리저리 흔들고 있었기 때문이다.

다산보다 세 살 아래인 김조순은 안동 김씨 명문가에서 태어나 스무 살 때 과거에 급제했다. 그 뒤 여러 관직을 거쳐 이조참의, 이조판서 등 순탄한 벼슬길을 걸었다. 젊은 시절에 다산과 규영부 교서로 함께 일한 적도 있는 김조순은 정조의 총애가 대단했음에도 당파에 휩쓸리지 않았기에 노론과 남인 어느 쪽에서든 신망이 높았다.

그러다 마침내 그의 시대가 제 발로 찾아왔다. 정조가 건강이 급격히 나빠지자 다급하게 왕세자 책봉과 간택을 추진했는데, 정조는 직접 김조순의 딸을 세자빈으로 추천해 간택하게 했다. 그만큼 김조순을 신임했다. 정조가 갑자기 죽자, 김조순은 순조 임금의 장인이 되어 영안부원군永安府院君에 봉해지면서 마침내 그의 시대가 활짝 열렸다.

그의 세도정치는 무시무시했다. 마치 일당독재 국가처럼 안동 김씨 일문의 뜻에 따라 나라가 굴러갔다. 다른 세력들은 안동 김씨의 힘을 빌리지 않고는 정치에 참여할 기회조

차 없었다. 이로써 척족戚族. 혼인 관계를 통해 맺어진 친족이 나랏일을 농

단하는 격랑의 시대가 되고 말았다.

김조순이 처음부터 원한 것은 아닐지라도 그들로 인해 조

선의 정치 세계의 기강이 무너지고 관료 정치는 붕괴되었

다. 그들이 고위 관직을 독점하여 정치 기강을 무너뜨리는

사이에 막대한 뇌물로 관직을 얻은 중하위급 관리들은 농민

들을 대상으로 살인적인 수탈을 일삼아 나라는 점점 도탄에

빠졌다. 조선 왕조 최고의 암흑기가 도래한 것이다.

1810년 9월 큰아들 학연이 대궐에 직접 글을 써서 올리는

청원서를 통해 아버지의 억울함을 호소했다. 다산의 나이

49세 때였다. 이에 순조는 학연의 청원을 받아들여 다산의

죄를 특별히 용서한다는 은혜를 베풀었다. 그렇다면 풀려나

야 마땅하지만, 세상은 학연이 원하는 대로 되지 않았다.

순조 임금의 명령에 홍명주洪命周의 반대 상소와 이기경의

대계臺啓가 잇달았고, 몇몇 신하들이 덩달아 반기를 들었다.

대계란 사헌부나 사간원에서 임금의 결정 사항에 가부可否 의

견을 올리는 것을 말한다. 이번에도 이기경이 다산의 석방

을 가로막은 것이다. 학연의 서찰을 받고 다산은 씁쓸히 웃

었다. 기대한 것이 없으니 슬프지는 않지만 오랜만에 이기

경이라는 이름을 들으니 헛웃음이 나왔다.

그럼에도 쓰고, 또 쓰다

다산은 저술 작업을 멈추지 않았다. 아무것에도 연연하지 않고 더 나이 들기 전에 오랫동안 꿈꾸었던 책들을 완성하고 싶었다. 연전에 윤광택이 선물한 책상은 점점 검은색을 띠어가고 있어 언제든 이곳에 종이를 펼치고 글을 써내려 가라는 듯이 묵직한 손을 흔드는 것 같았다.

1811년 봄, 그의 나이 50세에 우리나라 역대 영토에 관한 연구서인 《아방강역고我邦疆域考》를 완성했다. 이 책은 고조선에서 발해에 이르기까지 우리나라 역대 왕조들의 영토의 변천을 문헌 중심으로 살피고, 그 내용에 대해 고증한 역사지리서였다.

《아방강역고》의 완성은 다산이 〈사서오경〉의 재해석이나 유교적 관점에서 예법에 국한된 저술을 넘어 본격적으로 집필 범위를 넓히고 있다는 사실을 보여준다. 오랜 시간의 연구 활동이 낳은 산물이라는 점에서, 그리고 실학자 정약용의 비판적이고 인문적인 시각을 엿볼 수 있다는 점에서 《아방강역고》는 특히 의의가 크다. 뒤이어 다산은 다음과 같은 책을 연이어서 지어 냈다.

- 〈예전상기별禮箋喪期別〉 – 장례 예법 해설서
- 〈민보의民堡議〉 – 국토방위의 책략에 관한 견해를 서술한
  군사학 도서
- 《춘추고징春秋考徵》 12권 – 《춘추春秋》에서 오례五禮를
  고증하여 설명한 예서禮書

목록 중에 《민보의》는 왜倭의 침략에 대비해 전국의 요충지마다 산성山城을 쌓아 즉각 항전할 수 있도록 하자는 내용을 담고 있다. 때는 1800년대 초반, 섬나라 왜국이 노략질과 해적질에 그치지 않고 호시탐탐 남해 연근해로 접근하여 육지로 뛰어들 기세였다. 이에 다산은 당시 조선의 농촌사회가 군사적으로 무방비 상태에 있음을 개탄하면서 조선의 지리적 형편과 임진왜란의 경험에 비추어 이 책을 썼다.

그는 농민들의 자위적 항전에 필요한 거점으로 이용할 산성을 '민보'라 부르며 왜란이 일어나면 식량을 가지고 산성에 집결하여 저항전을 전개하자고 썼다. 〈민보의〉는 농민의 자위 조직에 의한 국토방위를 주장한 최초의 글이라는 점에서, 그리고 조선은 그를 버렸어도 그는 너무나 사랑하

는 조국이기에 조선의 방위에 관해 이 책을 썼다는 점에서
특별한 의미를 지닌다.

1811년 겨울, 다산은 뒤늦게 소식을 접했지만, 평안도에
서 큰 변고가 일어났음을 알게 되었다. 평안도 용강 사람 홍
경래洪景來가 민란을 일으켜 평안도와 황해도 일대는 물론이
고 조선 사회가 큰 혼란에 빠졌었다는 소식이었다. 민란을
주도한 세력은 평안도 출신에 대한 차별 철폐와 안동 김씨
세도 정권의 타도를 외치며 거센 들불처럼 들고일어났다고
했다.

이들이 민란을 일으킨 데는 그럴 만한 이유가 있었다. 권
력을 틀어쥔 세도정치 세력은 매관매직을 일삼으며 나라를
형편없이 망가뜨리고 국가 재정을 파탄지경에 빠뜨렸다.

당시의 혼란 상황을 '삼정三政의 문란'이라 부른다. 이는 국
가 재정의 핵심 역할을 하던 전세田稅, 군포軍布, 환곡還穀의 제
도가 제대로 운용되지 않고 지방 관리들의 탐욕으로 인해
형편없이 문란해진 것을 일컫는다. 조선 중기부터 시작된
삼정의 문란은 조선 후기로 접어들면서 더욱 심화되어 나라
살림을 도저히 힘을 쓸 수 없을 만큼 파탄 나게 했다.

전세는 토지에 부과되는 세금, 군포는 군역의 대가로 거

두는 베나 쌀, 돈을 말한다. 또한 환곡은 춘궁기에 곡식을 빌려주고 추수기에 이자를 붙여 받는 제도였다. 조선은 임진왜란과 병자호란을 겪으며 많은 농민이 경작지와 가족을 잃은 탓에 생산력이 크게 줄어들었음에도 이러한 사회 변화를 반영하지 않고 고을마다 할당된 세금 총액이 예전 그대로였다. 당연히 개인당 부담하는 조세 부담이 크게 늘어 빈농이든 부농이든 똑같은 토지세를 내고 환곡 이자도 마찬가지여서 가난한 농민들은 고통에 시달렸다.

여기다 지방 수령들의 탐욕 때문에 사망자나 어린아이에게도 군역을 징수하거나 부자들이 뇌물로 군역에서 빠지면 가난한 농민들이 대신 채우는 일들이 빈번하게 일어났다. 여기다 원래 1할^割이었던 환곡의 이자도 3할까지 늘어나 농민들을 벼랑 끝으로 몰아세웠다. 환곡이란 춘궁기에 곡식을 대여해 주고 가을에 회수하는 구휼 제도인데, 탐관오리들이 개입하면서 고리^{高利}의 이자놀이로 변질되고 말았다.

결국 삼정의 문란으로 농민들의 삶은 궁박한 처지를 넘어 생지옥으로 변했고, 누구도 이 같은 폐단을 개선할 의지를 보이지 않아 농민들의 불만은 하늘을 찔렀다. 이러한 사회적 병폐가 날이 갈수록 누적되고, 여기에 더해 고질적인 지역 차별도 조선 후기 사회를 멍들게 한 이유가 되었다. 홍경래는 이렇게 부르짖었다.

"조선 왕조 개국 이래 서북인이 높은 벼슬에 오른 경우는 아무도 없다."

서북인이란 함경도와 평안도 사람들을 통칭하는 말이다. 홍경래를 비롯한 서북인들은 삼정의 문란에 대한 반발에 분노했지만, 그보다는 지역 차별에 대한 불만이 더 짙게 깔려 있음을 엿볼 수 있다. 영조 때의 학자 이중환李重煥은 《택리지擇里志》에 이렇게 썼다.

"서북인은 설령 과거에 합격해도 벼슬은 현령에 지나지 않고, 나라의 습속이 문벌을 중히 여기는 탓에 한성 사람은 서북 지방과 혼인하거나 벗하지 않았다. 서북 양도에는 사대부가 없고 사대부 또한 가서 살지 않는다."

이러한 악랄한 지역 차별은 가뜩이나 낙후된 경제로 악에 받친 서북인들에게 산더미 같은 원한이 되었고, 마침내 홍경래가 앞장서서 화약의 심지에 불을 붙였다.

서북인에 대한 지역 차별은 다산도 경험한 적이 있었다. 사헌부 지평으로 훈련원 무과 시험을 감찰할 때, 감독관들이 평안도나 함경도 같은 변방에서 온 인재들이 우수한 성적을 보이면 일부러 난해한 내용을 강론하게 하여 낙방시키는 것을 목격했다. 이때 다산이 임금에게 이런 사실을 적시한 상소문을 쓰려 하자 감독관이 달려와 잘못을 빌며 왜곡 행위를 멈추었다.

홍경래는 바로 그런 부조리의 희생자였다. 원래 양반가 출신으로 사마시司馬試, 생원·진사 시험에 낙방한 홍경래는 이를 서북인에 대한 차별 때문으로 여기고 나라에 반감을 품은 동료를 모으기 시작했다. 홍경래는 우군칙禹君則, 이희저李禧著, 김창시金昌始 같은 동지들을 모아 오랫동안 민란을 준비한 끝에 마침내 수천 명의 군사를 모아 1811년 12월 봉기했다.

처음에 반란군의 기세는 대단했다. 그들이 평안도 일대를 휩쓸며 위세를 떨치자 조정이 듣도 보도 못한 민란 소식에 우왕좌왕하는 가운데 봉기군은 연전연승을 거두며 질주했다. 그러나 그것도 잠시, 반란군은 조정에서 보낸 지원군에 수적 열세를 이겨내지 못하고 점점 밀리고 말았다. 그럼에도 홍경래의 난은 5개월 동안이나 끈질기게 지속되었다. 한참 때는 대다수 농민이 민란에 참여하여 관군이 대책 없이 밀린 적도 있었다. 그러자 관군들은 평안도 일대를 양민들까지 적으로 간주해 닥치는 대로 죽였다.

1812년 5월, 관군은 엄청난 양의 화약을 터뜨려 봉기군들의 마지막 저항선인 정주성定州城을 무너뜨리고 민란 세력을 완전히 진압했다. 이 과정에서 관군의 월등한 무기체계에 밀린 홍경래는 전사했고, 나머지 주동자는 달아났다가 모조리 체포되었다.

이들에 대한 응징은 무자비했다. 정주성에 남아 있다가 체포된 사람 중에 어린아이들과 부녀자를 뺀 1,900여 명이 한 사람도 빠짐없이 참수되었다. 그러나 이들의 죽음으로 홍경래의 난이 불러온 파문이 사라질 일은 아니었다. 원천적인 문제에 대한 치료법이 전혀 준비되지 않았던 조정은 이후 수많은 민란에 맞서며 더 큰 혼란에 빠져들어야 했다.

다산은 유배 당시 삼정의 문란으로 피폐해진 민초들의 삶을 '애절양哀絕陽'이라는 한시로 고발한 적이 있다. '양물陽을 자른絕 것을 슬퍼하다哀'라는 뜻의 이 시는 다산이 과도한 군정으로 인한 고통을 견디다 못해 스스로 자신의 음경陰莖을 스스로 잘라버린 것을 보고 지은 시였다. 다산은 이렇게 적었다.

갈밭의 젊은 아낙네 울음소리 그칠 줄 모르네

현문縣門 향해 울부짖다 하늘 보고 호소하기를

싸움터 나간 지아비가 못 돌아올 수는 있어도

예부터 사내가 자기 양물 잘났다는 소리 들어보지 못했네

시아버지 장례 치르고 갓난아기는 젖 먹이는데

삼대三代의 이름이 군적에 모두 올랐는데

달려가서 호소해도 범 같은 문지기 버텨 섰고

이정里正은 호통치고 외양간 소마저 끌고 갔다네

아이 낳은 죄라고 남편이 한탄하더니

칼 갈아 들어간 뒤에 방에는 피가 홍건해라

잠실 궁형도 또한 지나친 형벌이고

민閩나라 자식의 거세도 가여운 일이거늘

자식 낳고 사는 건 하늘이 주신 이치이고

하늘이 아들 내고 땅이 딸 냈다거늘

말, 돼지 거세함도 가엾다 말들 하는데

하물며 뒤이어 줄 사내를 거세하랴!

부자들은 한평생 풍악을 즐기면서 흥청망청한대

쌀 한 알 베 한 치도 바칠 수가 없으니

다 같은 백성인데 이다지도 불공평하다니

객창에서 우두커니 앉아 시구편鳲鳩篇을 거듭 읊노라.

'시구편'이란 《시경》에 수록된 시편으로, '뻐꾸기는 뽕나무에 앉았으니, 새끼는 일곱 마리로다鳲鳩在桑, 其子七兮'라는 구절로 시작한다. 뻐꾸기는 새끼에게 먹이를 줄 때 항상 일정한 순서대로 공평하게 준다고 한다. 다산이 '시구편'은 인용한 것은, 군자는 모름지기 이같이 일관된 태도로 살아야 하는데 정치의 본분을 잃어버리고 백성을 핍박하는 벼슬아치들을 비난하고 한탄하는 의미일 것이다.

죄인 명부에서 이름은 삭제되었지만

1813년 겨울, 마침내 《논어고금주論語古今注》 40권이 완성되었다. 공자의 어록을 모은 《논어》는 여러 세대에 걸쳐 많은 학자에 의해 편집되고 발전해 왔는데, 공자의 제자인 증자曾子가 오늘날까지 전해지는 《논어》의 최종본을 완성했을 가능성이 높다고 한다.

이 책은 《논어》에 대한 고금의 주석을 수집하여 일일이 논평하고, 그만의 독창적인 견해를 붙여 완성한 책이다. '고금주'란 공자 이후 발간된 모든 《논어》 주석서를 총망라했다는 뜻이다. 다산은 이 책의 저술을 위해 자료 수집에만 여러 해를 보냈고, 집필에도 수년의 시간이 걸렸는데 제자들의 도움을 받아 마침내 완성했다.

1814년, 그의 나이 53세가 되었고 유배 생활을 한 지는 벌써 13년이 지났다. 그해 4월, 학연이 소식을 전해 왔다.

사헌부 장령掌令 조장한趙章漢이 정약용의 유배를 정지시켜야 한다고 진언했고, 이것이 받아들여져 죄인 명부에서 정약용의 이름이 삭제되었다고 한다.

이제 더는 죄인이 아니라면 의금부에서 관문關文. 문서을 발송하여 정약용의 해배를 통지하고 당장 석방해야 한다. 하지만 결과는 좋지 못했다. 강준흠姜浚欽의 상소로 인해 귀양을 해제한다는 통지서가 발송되지 못했다. 공서파 행동대장 역할을 해온 강준흠은 이기경과 함께 어떻게든 다산이 대궐로 돌아오지 못하도록 안간힘을 썼다.

다산은 그냥 헛웃음이 나올 뿐이었다. 벼슬에 대한 미련을 버린 지 오래인데, 그들은 여전히 다산을 노리는 칼을 거둘 생각이 없다는 게 우스웠다. 다산보다 여섯 살이나 어린 강준흠은 시문詩文에 조예가 깊은 전형적인 문인이었지만 정치적인 입장에서는 한 치의 양보도 없는 싸움꾼으로 이름을 떨쳤다.

시름을 잊기 위해 다산이 할 일은 하나뿐이었다. 집필 계획에 따라 묵묵히 붓을 들어 써 내려가는 것. 그해 여름부터 2년 동안 그가 지은 책은 다음과 같다.

- 《맹자요의^{孟子要義}》 - 《맹자》의 주석서

- 《대학공의^{大學公議}》 3권 - 《대학》의 주석서

- 《중용자잠^{中庸自箴}》 3권 - 《중용》의 해석을 통해 다산
  스스로가 수양하기 위한 목적으로 저술된 책

- 《중용강의보^{中庸講義補}》 - 《중용》의 주석서

- 《대동수경^{大東水經}》 - 《아방강역고》와 짝하는 우리나라
  역사와 지리에 관한 연구서

- 〈심경밀험^{心經密驗}〉 - 다산 자신의 영신^{靈身} 수련을 위해 지은 책

- 〈소학지언^{小學枝言}〉 - 《소학》의 주석서

- 《악서고존^{樂書孤存}》 - 우리나라의 음악 이론, 성률^{聲律},
  악기 등의 기록을 고증한 악서^{樂書}.

그가 지은 책의 목록을 보면, 《중용자잠》이나 〈심경밀험〉
처럼 심신 수련을 위해 지은 글들이 눈에 들어온다. 필시 다
산의 자기 수련을 위해서라도 이런 글이 필요했을 것이다.
그도 사람인데 13년 넘게 유배 생활을 하면서 느끼는 막막
한 소회가 왜 없을까. 끝도 없이 이어지는 유배 생활에 지칠
때마다 그는 스스로를 어루만지는 글을 쓰고, 차를 마시며
외로움을 달랬을 것이다.

《악서고존》이라는 독특한 책이 눈에 띈다. 이 책은 각종

궁중 행사에서 사용되는 편종編鐘, 편경編磬, 금琴, 슬瑟, 생笙, 적笛 등 악기들에 대해 자세히 서술한 음악 이론서로 중국 전한 시대 때부터 전해 내려온 전통적인 음악 이론과 성률聲律, 악기 등의 기록을 고증한 악서樂書로서 그의 관심 분야가 얼마나 폭넓은지 보여준다.

세상에는 두 가지 기준이 있다

1816년 5월, 다산은 고향에서 큰아들 학연이 보낸 서찰을 받아 들고 급히 붓을 집어 들었다. 그는 아들에게 보내는 답지答淵兒에 '절조節操를 지키는 일'이라는 제목의 글을 썼다.

아들은 그동안 아버지가 풀려날 방법을 찾아 백방으로 노력해 왔다. 하지만 그때마다 노론들의 냉담한 반응에 기대가 산산이 부서졌다. 그들은 학연의 하소연을 들으려 하지 않았고 심지어 냉소와 조롱을 퍼붓는 사람도 있었다.

그런 모멸감에도 줄기차게 아버지의 해배를 위해 동분서주해 온 아들은 마침내 하나의 결론에 이르렀다. 아들은 누구와도 타협하지 않고 여전히 대쪽 같은 성품을 고집하는 아버지에게 이런 편지를 썼다.

"이젠 아버님의 석방을 훼방하는 사람들에게 좀 더 융통

성 있게 처신하여 고향으로 돌아올 방법을 찾는 게 어떻겠
습니까?"

열 번이고, 백 번이고 허리를 굽히면 그들도 못 이기는
척하고 들어줄 것 같은데, 그렇게라도 해서 아버지가 석방
된다면 오죽 좋을까. 벌써 15년, 강산이 한 번 하고도 절반
이나 바뀌었는데도 강진에 발이 묶인 아버지를 생각하면 피
눈물이 나왔다.

다산은 한참 동안 아들이 보낸 편지를 바라보았다. 아비
의 처지가 오죽 답답했으면 이런 편지를 보냈을까. 아들이
아비를 생각하고 어미를 염려하는 마음에서 그런 편지를 보
낸 것을 잘 알면서도 다산은 이렇게 답했다.

세상에는 두 가지 큰 기준이 있다. 옳고 그름의 기준이 그
하나요. 다른 하나는 이롭고 해로움에 관한 기준이다. 이 두
가지 큰 기준에서 4단계의 큰 등급이 나온다. 옳음을 고수
하고 이익을 얻는 것이 가장 높은 단계요, 둘째는 옳음을 고
수하고도 해를 입는 경우이며, 세 번째는 그름을 추종하고
도 이익을 얻음이요, 마지막 가장 낮은 단계는 그름을 추종
하고 해를 보는 경우다.

너는 내게 홍의호^{洪義浩}에게 편지를 해서 항복을 빌고, 강준

흠과 이기경에게 꼬리치며 동정을 받도록 애걸해 보라고
이야기했는데, 이것은 앞서 말한 세 번째 등급을 택하는 일
이다. 그러나 마침내는 네 번째 등급으로 떨어지고 말 것이
명약관화한데 무엇 때문에 내가 그 짓을 해야겠느냐? 그들
의 분노를 촉발하는 일을 어찌 면할 수 있겠느냐? 그리고
이왕 일이 이렇게 되었으니 역시 조용히 받아들일 뿐이지
애걸한다고 무슨 보탬이 되겠느냐?

강준흠이 작년에 나의 일로 올린 상소는 그에게 있어 이미
쏘아버린 화살인지라 지금부터는 죽는 날까지 입을 다물지
않고 나에 대해 계속 욕하게 될 것이다. 이제 내가 애걸한다
고 해서 나에 대한 공격을 늦추고 자기 잘못을 후회하는 태
도를 보이겠느냐? 이기경 역시 강준흠과 한통속인데, 강준
흠을 배반하고 나에게 너그럽게 대할 리가 없다. 그런데 그
들에게 애걸한들 무슨 도움이 되겠느냐? 강준흠, 이기경이
다시 뜻을 얻어 요직을 차지한다면 반드시 나를 죽이고 말
것이다. 죽이려 한다 해도 어찌할 수 없는 일이니 오직 순순
히 받아들일 수밖에 없다. 하물며 해배의 관문을 막는 사소
한 일을 가지고 절조를 잃어버려서야 되겠느냐? 비록 내가
절조를 지키는 사람은 아닐지라도 세 번째 등급도 될 수 없
음을 알고 있으므로 네 번째 등급으로 떨어지는 것만은 면

하는 것이다. 만일 내가 애걸한다면 세 사람이 함께 모여 웃으며 말할 것이다. '이 작자는 참으로 간사한 사람이다. 지금은 애처로운 소리로 우리를 속이지만 다시 올라오게 되면 해치려는 마음으로 언젠가는 우리를 반드시 멸족시킬 것이니, 아아! 두려운지고.' 그러면서 겉으로는 풀어주어야 한다고 빈말하고 뒷구멍으로는 빗장을 걸어 위기에 처하면 돌멩이라도 던질 것이니, 바야흐로 나는 독수리에게 잡힌 새 꼴이 되어 네 번째 등급으로 떨어지게 될 것이 아니겠느냐? 나는 꼭두각시가 아닌데 너는 무엇 때문에 나를 그들의 장단에 춤추게 하려느냐? 내가 귀양이 풀려 돌아가느냐 못 돌아가느냐 하는 일은 참으로 큰일은 큰일이나 죽고 사는 일에 비하면 극히 작은 일이다. 사람이란 때로 물고기를 버리고 곰을 취하는 경우도 있다만 귀양이 풀려 집에 돌아가느냐 못 돌아가느냐 정도의 작은 일에 잽싸게 다른 사람에게 꼬리를 흔들며 애걸하고 산다면, 만약 나라에 외침이 있어 난리가 터질 때 임금을 배반하고 적군에 투항하지 않을 사람이 몇이나 있겠느냐. 내가 살아서 고향 땅을 밟는 것도 운명이고, 밟지 못하는 것도 운명일 것이다. 사람이 해야 할 일을 다 하지 않고 천명만을 기다리는 것은 이치에 합당하지 않지만, 너는 사람이 해야 할 일을 이미 다 했으니 이러

고도 내가 끝내 돌아가지 못한다면 이것 또한 운명일 뿐이
다. 마음을 크게 먹어 걱정 말고 세월을 기다리는 것이 마땅
할지니, 다시는 이러쿵저러쿵하지 말거라.

　한 통의 편지에 다산의 성품이 오롯이 드러난다. 절대 부
러지지 않는 마음으로 살겠다는 의지가 행간에 가득하다.
목에 칼이 들어와도 불의한 인간과는 타협하지 않겠다는 아
버지의 마음을 읽으며, 아들은 그런 사람들과 손을 잡으라
고 청한 자신이 부끄러워 엉엉 울었다.
　그렇더라도 신문고를 두드려도 안 되고, 상소문을 올려
도 안 되니 대체 언제 풀려난단 말인가? 아버지에게 가해지
는 형벌의 무게가 너무 억울해서 아들은 자꾸 눈물만 나왔다.

　그런 일이 있은 지 한 달여 뒤인 1816년 6월, 다산은 흑산
도에 계신 둘째형의 부음을 들었다. 갑작스러운 소식에 다
산은 한동안 맥없이 앉아 있기만 했다.
　둘째형은 정치적 동지이자 학문의 벗이었고, 운명의 동
반자이기도 했다. 형은 형대로, 약용은 약용대로 책 한 권이
탈고되면 제일 먼저 검토를 부탁하며 올바른 의견을 청하는
관계였고, 그런 방식으로나마 서로의 생존을 확인했다. 형

의 부음을 듣고 몇 날 며칠이고 정신줄을 놓고 지냈던 다산
은 이런 글을 남겼다.

돌아가신 형님은 덕행과 도량이 넓고 학무과 식견이 깊어
내가 감히 견줄 수 없다. 지금 세상에 이 같은 분은 다시는
없을 것이니, 이것은 나의 개인적인 말이 아니다. 신문 받는
죄인으로서 압송하던 장교들이 울며 작별하게 한 사람도
형님이었고, 유배된 죄인으로 섬사람 모두가 길을 막고 더
머물기를 원한 사람도 오직 형님뿐이었다. 정조 임금께서도
간곡한 교서 10줄에 한결같이 그 동생보다 낫다고 하셨으
니, 형님을 알아주기로는 임금님만한 분이 없었다. 온 섬의
사람들이 마음을 다하여 장례를 치러주었으니, 이 마음 아
프고 답답한 바를 어찌 다 말할 수 있겠는가.

7

다산의
책상

손때 묻은 책상에서 아침마다 늙은 아내와 마주 앉아 따뜻한 차 한 잔을 나눠 마셨다. 두 사람은 그 시대에는 보기 드물게 60년을 해로한 부부였다. 무슨 말이 필요하랴. 두 사람은 서로의 얼굴을 바라보는 것만으로도 마음이 놓이고, 끝없이 차오르는 행복감에 젖었다.

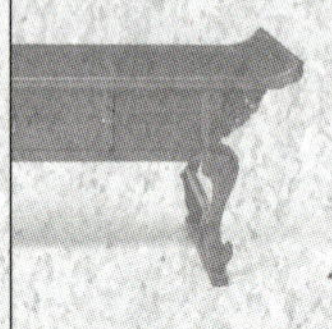

대표작 〈목민심서〉가 이루어지다

1817년 가을, 다산은 둘째형님을 잃은 상실감을 이겨내고 《상의절요喪儀節要》를 완성했다. 전에 탈고한 《상례사전喪禮四箋》을 다시 정리해 만든 것으로 상례 절차를 간결하게 정리하고 실천적인 부분을 강조하여 누구나 쉽게 활용할 수 있도록 만들었다.

그리고 이 무렵 《방례초본邦禮艸本》의 저술을 시작했지만 끝내지 못하고 나중에 고향집에 돌아와서 이름이 바뀌어 냈는데, 바로 《경세유표經世遺表》였다. 미완성작인 이 책은 조선의 현실에 맞는 행정기구 개편을 비롯하여 관제, 토지제도, 조세제도 등 모든 제도의 개혁 원리를 제시하고 있다. 이 책은 당시 사회의 실상과 모순을 비판적 시각으로 쓰고 있어 조선 후기 사회 연구에 중요한 자료가 되고 있다. 다산은 이 책의 앞머리에 이렇게 적었다.

터럭만큼도 병통이 아닌 것이 없는 바

지금이라도 고치지 않으면 반드시 나라가 망할 것이다.

다산의 말인즉슨, 자신이 《경세유표》를 지은 이유는 지금이라도 조선 사회나 백성들에게 뿌리내린 오랜 악습을 치유하지 않으면 조만간 나라가 망하고 말 것이기 때문에 이를 경고하기 위해서라는 것이다. 그의 경고를 알아듣지 못한 조선 왕조는 그때로부터 불과 93년 뒤인 1910년 일본에 강제 병합된다.

1818년 봄, 마침내 《목민심서牧民心書》가 이루어졌다. 오늘날 그의 대표적인 저술로 손꼽히는 《목민심서》는 48권 16책으로 구성될 만큼 방대한 분량이다.

수령이 지방을 통치할 때 국법 질서 아래 지방을 통치하는 요령과 지휘 통솔 방법 등 반드시 필요한 규범과 행정 지침, 그리고 통치 이념을 다루는 이 책은 그의 학문이 한층 원숙해 가던 57세에 완성되었다. 조선 후기로 접어들면서 날로 혼탁해지는 지방의 현실과 민생 문제를 해결할 목민관의 통치 기술 및 책무를 말하고 있다는 점에서 특별한 의미를 지니는 이 책의 서문에서 다산은 이렇게 적었다.

옛날에 순임금은 요임금의 뒤를 이어 12목牧에 물어 그들로 하여금 백성을 다스리게 했고, 문왕이 정사를 펼 때 사목司牧을 두어 목부牧夫라 했으며 맹자는 평륙平陸에 갔을 때 가축을 사육하는 것으로 백성을 다스리는 것에 비유했으니, 백성을 부양하는 것을 목牧이라 한 것은 성현의 남긴 뜻이다. 성현의 가르침에는 원래 두 가지 길이 있으니, 사도司徒는 만백성을 가르쳐 각각 수신하게 하고, 태학에서는 국자國子를 가르쳐 각각 수신하고 백성을 다스리게 하였으니 백성을 다스리는 것이 목민하는 것이다. 그리하여 군자의 학문은 수신이 반이고, 나머지 반은 백성을 다스리는 것이다. 성인의 시대가 이미 멀어졌고 그 말씀도 없어져서 그 도가 점점 어두워졌으니 오늘날 백성을 다스리는 자들은 오직 거두어들이는 데만 급급하고 백성을 부양하는 방법은 알지 못한다. 이 때문에 하민下民들은 여위고 병들어 줄지어 굶어 죽은 시체가 구덩이를 메우지만, 그들을 다스리는 자들은 고운 옷과 맛있는 음식에 자기만 살찌고 있으니 어찌 슬프지 아니한가. 나의 선친께서 조정의 인정을 받아 두 현의 현감, 한 군의 군수, 한 부의 부사, 한 주의 목사를 지냈는데 모두 치적이 있었다. 비록 내가 어리석고 못났으나 따라다니면서 배워 약간 들은 바가 있었으며, 따라다니면서 보아 약간 깨달

은 바도 있었으며, 또 물러 나와 이를 시험해 볼 때도 그윽
이 효과가 있었으나 이미 유락流落한 몸이 되었으니 쓸 곳이
없게 되었다. 귀양살이한 지 18년 동안 오경과 사서를 되풀
이 연구하여 수기修己의 학을 익혔다. 학문의 반을 배웠다 하
겠으니, 이에 중국의 23사史와 우리나라의 여러 역사나 여러
사람의 저서에서 옛날의 사목이 백성을 다스린 흔적을 골
라 아래위로 그 단서를 끌어내고 분류해서 차례를 매겨 편
성했다. 그리고 남쪽 변두리 땅에서 서리들이 전답의 부세
를 농단하여 여러 가지 폐단이 어지럽게 일어나고 있었는
데, 내가 처한 바가 비천했기 때문에 듣는 바가 자못 상세하
였다. 이것 역시 종류에 따라 대강 기록하고 나의 얕은 견해
를 덧붙였다.

《목민심서》를 완성한 뒤, 다산은 잠시 쉬었다가 조선과
명나라에서 일어난 국가의 의례儀禮에 관한 논쟁을 유교의 정
통 예학에 맞춰 검토한 《국조전례고國朝典禮考》를 마무리했다.

다산은 이 책에서 나라에서 행하는 여러 의식과 전례典禮
에 대해 그 유래와 역사적 변천을 비교, 고찰한 내용을 정리
하고 있다. 이 책이 특히 의미가 있는 이유는, 18년에 걸친
유배 생활에서 집필 작업의 마지막을 정식한다는 점이다.

그해 8월, 마침내 다산이 강진 땅을 떠나도 좋다는 해배 명령이 당도했기 때문이다.

《국조전례고》를 끝마치고 얼마 뒤, 옛 친구 김이교가 기별도 없이 다산초당을 찾았다. 그는 스물아홉 살 때 한림의 후보로 함께 뽑혔던 막역한 벗이었다. 그때 예비로 선발된 여섯 명의 후보자들에 대해 너무 남인 계열에서만 뽑았다며 시비를 거는 사람이 있어 여섯 명이 단체로 임명 거부를 표해서 임금의 분노를 샀던 일이 있다.

그 또한 안동 김씨라 잠자코 권력에 기대어 살았다면 지금쯤 아주 높은 벼슬을 차지하고 있었을 텐데 그들의 무분별한 질주를 참지 못하고 바른말을 했다가 전라도에 유배를 왔었다. 그는 이제 유배가 풀리자 한양으로 올라가는 길에 다산을 찾아온 것이다.

두 사람은 하룻밤을 꼬박 새워 젊은 날의 기억을 더듬으며 이야기꽃을 피우다 다음날 헤어지게 되었다. 이튿날 헤어지기 전에 김이교가 입을 열었다.

"한양에 가면 김조순 대감을 찾아뵐 계획이오. 혹시 김 대감에게 전하실 말씀은 없소이까."

하지만 다산은 집을 나서면서도, 김이교를 따라 십리 길을 배웅하면서도 끝내 아무 말도 하지 않았다. 자존심 때문에라도 해배를 구걸하고 싶지 않았을 것이다. 대신 다산은 김이교가 들고 있던 부채에 시 한 수를 써주었다.

역마을에 가을비 내려 송별이 늦어지나

누가 다시 이 외딴곳을 찾아 주리오.

반자畔子는 신선이 될 가망이라도 있지만

이릉은 한나라로 돌아갈 기약이 없네.

규장각에서 붓을 휘날리던 생각을 하면

경신년 임금님 승하하신 날을 차마 말 못 하겠네.

참대 숲에 걸린 기울어지는 달이 밝으니

그 옛날 궁중 뜨락을 회상하며 눈물 흘리네.

다산의 시에 등장하는 이릉李陵은 중국 한나라 때 장수로 흉노를 정벌하러 군사를 이끌고 출전하여 맹렬히 싸웠지만 중과부적으로 패하고 말았다. 그런데 후에 죽은 줄로 알았던 이릉이 흉노족 마을에서 잘 지내고 있다는 사실을 알게 된 한무제漢武帝가 당장 그의 일족을 참형하라고 명했다.

이때 이릉이 의도적으로 돌아오지 않은 것이 아니라 그들에게 발이 묶여 돌아오지 못하는 것이라 믿고 사마천司馬遷이

홀로 황제께 아뢰었다.

"소수의 군사로 수만의 오랑캐와 싸우다 투항한 것은 훗날 황은에 보답하기 위해서일 것입니다."

일개 사관 주제에 역적을 편드는 사마천의 말에 진노한 한무제는 그를 당장 옥에 가두고 생식기를 잘라 없애는 궁형宮刑에 처했다.

다산의 말인즉슨, 흉노족이 이릉 장군의 발을 묶어 놓았듯이 노론 세력들이 앞을 가로막고 있어 돌아가지 못하고 있으니 그 옛날 임금과 함께 궁중 뜨락을 거닐던 때를 회상하며 눈물만 흘리고 있다는 의미였다.

김이교는 한양에 올라가 김조순의 집을 찾았다. 원래 안동 김씨 일문은 대대로 노론 출신이지만 김조순만은 특이하게도 시파에 속해서, 그 때문에 신유박해 때는 잠시 유배를 간 적도 있었다.

김조순이 정순왕후가 세상을 떠나자 맨 처음 한 일은 나라를 혼돈에 빠뜨린 노론 벽파에 대한 대대적인 단죄였다. 그 뒤 김조순은 막강한 권력을 발휘하여 심환지, 김종수 등을 정조의 유지를 거스른 역적이라며 관직을 박탈하는 등 노론 세력을 차례로 정리했다. 그럴 수밖에 없었다. 김조순은 정조의 깊은 신임은 받았을뿐더러 두 사람은 사돈지간이었다.

김이교가 김조순을 만났을 때는 늦가을이었다. 김이교는 그간의 안부를 전하던 끝에 김조순에게 다산이 직접 쓴 글씨가 보이도록 부채를 살짝 펼쳐 보였다. 하로동선夏爐冬扇, 여름에 난로, 겨울에 부채이라더니, 늦가을 날씨에 부채질하는 그의 행동이 딱 그러했다. 그러자 김조순은 부채의 글씨를 눈여겨보고 이렇게 말했다.

"그것은 정약용의 글씨체인데……."

김조순은 20여 년의 세월이 흘렀어도 여전히 젊은 날 규영부에서 함께 일할 때 보았던 다산의 필체를 기억하고 있었다. 김이교가 비로소 다산에 대해 말하기 시작했다.

"정약용이 유배를 떠난 지 18년이 되었습니다. 오래전에 징계가 정지되었음에도 여전히 강진 땅에 머무르고 있는 것은 온당치 않은 일로 대감께서 바로잡아 주시기를……."

그러자 김조순이 안쓰러운 표정을 지으며 고개를 젓더니 이렇게 말했다.

"그것은 안 될 말이지. 조만간 임금께 정약용의 해배를 청해 보겠소."

정약용은 이때의 일화를 다음과 같이 적었다.

무인년(1818) 여름, 이태순李泰淳이 상소하여 '징계가 정지되었는데도 의금부에서 석방 공문을 보내지 않은 것은 국조 이래 없던 일입니다. 여기서 파생될 폐단이 얼마나 클지 알 수 없는 일입니다'라고 하니, 정승 남공철南公轍이 의금부의 신하들을 꾸짖었고 판의금부사 김희순金羲淳이 마침내 공문을 보내어 고향에 돌아올 수 있었다.

여기 등장하는 이태순, 남공철, 김희순 등은 모두 순조 시대 정계의 핵심 인물들로 김조순과는 매우 밀접한 관계에 있었다. 참으로 오랜 세월이 흐른 끝에 당도한 해배 명령에 다산은 기쁨보다는 허탈한 감정이었다. 그는 유난히 밝은 8월 보름달을 바라보며 강진에서 보낸 18년 세월을 꿈꾸듯 돌아보았다.

다산을 즉시 석방하라는 임금의 명이 김조순의 지시 덕분인지, 이태순의 상소 때문인지, 그게 아니면 김조순의 명을 받고 남공철과 이태순이 앞장선 일인지는 알 수 없지만 아무튼 다산은 이제야 비로소 자유의 몸이 되었다.

마침내 18년 만에 귀양이 풀리다

다산은 마침내 1818년 8월 14일, 외롭고 신산했던 유배 생활을 정리하고 고향 마재마을로 돌아와 가족들과 상봉했다. 벌써 57세, 백발이 듬성듬성 내려앉은 노인이 되어 18년 만에 고향에 돌아온 것이다.

다산은 가족들과 일일이 손을 잡고 해후의 기쁨을 나누고 고향마을의 친척과 지인들과도 인사를 나눴다. 그러곤 오랜만에 여유당을 찾아보고, 열수의 너른 강가를 거닐며 회상에 젖기도 했다. 세월이 그리 많이 흘렀어도 고향은 변한 게 하나도 없었다.

그렇더라도 그의 삶을 둘러싼 세상은 너무나 많이 변했다. 마흔 살부터 쉰일곱 살까지 열여덟 해에 이르는 유배 생활은 그 자신에게는 인생의 황금기를 잃어버린 크나큰 고통이었다. 그렇지만 그 고통을 견디고 버텨 조선의 실학사상을 집대성한 시간으로 만들어 냈으니 결코 헛되이 보낸 세월은 아니었다.

돌이켜 보면, 12년 동안의 벼슬살이는 보람은 적고 후회는 많은 세월이었다. 대궐에 만연한 극한적인 당쟁의 틈바구니에서 그는 늘 괴로웠고, 외로웠다. 반면에 강진에서의 시간은 조선 후기를 살아가는 고달픈 민중들의 삶을 시와 글로 기록하며 백성을 위해 관리의 도리가 무엇인지를 치열하게 고민하는 계기가 되었다.

그런 고민의 대가로 극심한 육체적 고통을 얻었다. 다산은 유배 기간에 시력 저하와 중풍 등 신체적 고통을 겪어야 했다. 더구나 오랜 세월 양반다리를 하고 앉아 글을 쓰는 일을 반복하다 보니 복숭아뼈에 문제가 생겨 뼈가 문드러지고 피고름이 멈출 날이 없었다. 이런 상황에서도 좌절하지 않고 끝내 붓을 놓지 않은 그의 유배 생활은 오늘을 사는 사람들에게 역경을 기회로 바꾸는 지혜가 무엇인지를, 그리고 인내의 참된 가치가 무엇인지를 전한다.

귀향 후의 첫 작품, 〈흠흠신서〉를 짓다

귀향 후의 일상은 달라지지 않았다. 이젠 50대 후반의 늙은이가 되었으니, 예전보다 체력이 많이 떨어졌지만 그래도 계속 붓을 놓지 않을 작정이었다. 쓰는 일만큼 그가 살아 있음을 증명하는 다른 일은 없었다.

1819년 여름, 고향에 돌아와 제일 먼저 《흠흠신서欽欽新書》가 이루어졌다. 이 책의 처음 이름은 《명청록明淸錄》이었는데 후에 《서경》에 나오는 '흠재흠재欽哉欽哉'가 떠올라 제목을 바

꿨다. 사람이 사람을 벌하는 것은 하늘의 권한을 대신하는 일인데, 누구도 가볍게 처리해서는 안 되니 '공경스러울 흠欽'의 글자를 반복하여 그 의미를 강조한다.

이 책이 나오기 전까지 조선에서 범죄인에게 적용되던 형사법은 중국의 《대명률大明律》과 조선 초기 《경국대전》의 형벌 규정에 따랐지만, 시대 상황에 맞지 않아 불합리한 경우가 많았다. 이에 다산은 형사사건의 조사, 심리, 처형 과정을 다루는 관리들을 계몽하기 위해 이 형법서를 펴낸 것이다.

다산이 곡산 부사와 경기도 관찰사, 그리고 암행어사를 하며 뼈저리게 느낀 것은 고을의 수령들이 범죄 사건의 조사, 심리, 처형 과정을 매우 형식적이고 성의 없이 진행한다는 것이었다. 다산은 이것이 수령들이 율문律文에 어둡고 현실을 바르게 판단하는 능력이 부족한 탓이라고 보았다. 이에 다산은 생명 존중 사상을 고취할 필요성을 느껴서 이 책을 지었다.

총 30권 10책으로 구성된 《흠흠신서》는 508권에 달하는 다산의 저서 가운데 《경세유표》, 《목민심서》와 함께 '1표表 2서書'라고 일컬어진다. 《흠흠심서》의 서문은 이렇게 시작된다.

오직 하늘만이 사람을 낳고 또 죽게 하니 사람의 목숨은 하
늘에 달려 있다. 목민관이 그 사이에서 선량한 사람은 편히
살게 하고 죄지은 자는 잡아 죽이니, 이것은 하늘의 권한을
나타내는 것이다. 사람이 천권天權을 잡고서도 두려워할 줄
모르니 털끝과 지푸라기를 쪼개듯이 밝게 하지 않고, 아득
하고 혼미하여 혹 살려야 할 사람을 죽게 하고 혹 죽여야 할
사람을 살려주고, 그러고도 오히려 마음 편히 여긴다. 혹 뇌
물을 받고 여자에 빠져, 백성이 부르짖는 고통의 소리를 듣
고도 불쌍히 여길 줄 모르니 그 죄가 크지 않겠는가.

1819년 겨울에 《아언각비雅言覺非》가 이루어졌다. 아언각비
란 '항상 쓰는 말 가운데 잘못을 깨우치다'라는 뜻으로, 오
용되는 말과 어휘에 대한 풀이와 올바른 용법을 제시하고
있다. 이 책은 19세기 초반의 조선 사회를 어문학의 측면에
서 엿볼 수 있다는 면에서 실학자 다산의 면모가 또 한 번
명확하게 드러난다.

이 책은 19세기 초반의 조선시대를 살아가는 사람들의 언
어 풍속을 엿볼 수 있을 뿐만 아니라 우리말의 흐름을 이해
하는 데 아주 가치 있는 자료가 된다.

회갑년이 되어 자신의 묘지명을 만들다

1822년은 다산의 회갑년이었다. 그동안 다산은 육경사서를 두루 연구하여 끝을 보았고, 경세 실용에 관한 책도 여럿 마쳤으니 마침내 천하의 농사를 끝냈다고 생각했다.

이에 그는 홀가분한 마음으로 자신의 60년 인생의 행적을 돌아보며 죽어서 무덤으로 들어갈 때 함께 가지고 들어갈 자찬묘지명自撰墓誌銘을 지었다. 일종의 자서전 성격인 자찬묘지명에는 본인의 무덤에 넣는 광중본壙中本과 문집에 싣게 될 집중본集中本 두 가지가 있다. 광중본은 집중본의 내용을 축소한 것이고, 다음은 전체 내용을 담은 광중본에서 옮겨 온 것이다. 이 글을 통해 다산 스스로는 자신의 삶을 어떻게 바라보는지를 알 수 있다.

이것은 열수洌水 정용丁鏞의 무덤이다. 본래 이름은 약용, 자는 미용, 호는 사암이다. 아버지의 휘諱, 돌아가신 어른의 생전 이름는 재원載遠으로 음사蔭仕로 진주목사에 이르렀다. 어머니는 숙인淑人 해남 윤씨로 영조 임오년 6월 16일 열수 언저리 마현리에서 약용을 낳았다. 약용은 어려서 머리가 영특했고 자라면서 학문을 좋아했다. 스물두 살에 열린 증광감시에서 경의經義 초시에 합격한 후, 회시에서 진사가 된 뒤로 변려문駢儷文, 대

과시험의 문체을 오로지 연마해서 스물여덟에 문과에서 갑과 2등으로 급제했다. 대신들이 선발해서 초계抄啓하여 규장각의 문신에 예속해 있다가 얼마 안 있어 한림원에 들어가 예문관 검열이 되었다. 승진해서 사헌부 지평, 사간원 정언, 홍문관 수찬, 교리, 성균관 직강, 비변사 낭관이 되었다. 외직으로 나가 경기도 암행어사가 되었다. 을묘년 봄에 경모궁에 시호를 올리는 도감의 낭관으로서 사간원 사간을 거쳐 발탁되어 통정대부로서 승정원 동부승지를 제수받았다. 우부승지에서부터 좌부승지에 이르고 병조참의가 되었다. 가경嘉慶 정사년丁巳年에 외직으로 나가 곡산 도호부사가 되어 은혜로운 정치를 많이 시행했다. 기미년에 다시 내직으로 들어와 승지가 되었으며 형조참의가 되어서 억울한 옥사를 처리했다. 경신년 6월에는 임금으로부터 《한서선漢書選》을 하사받는 영광을 입었지만, 이 달에 정조께서 돌아가시자 이에 앙화殃禍가 일어났다. 열다섯 살 때 풍산 홍씨를 아내로 맞았다. 홍씨는 무과를 통해 승지 벼슬을 지낸 홍화보의 딸이다. 혼인한 뒤부터 한양에 가서 지내다 성호 이익 선생의 학문이 순정하고 행실이 독실하다는 말을 들었다. 이가환과 이승훈 등을 따라 성호 선생의 남기신 저술들을 보게 되었으며, 이때부터 경학의 서적에 마음을 두게 되었다. 진사로서 성균관에 들어간 뒤 이벽을 따라 놀며 서학에 대하여 듣고 서학의 책을 보았다.

정미년 이후로 4~5년 동안은 매우 열심히 서학에 마음을 기울였지만, 신해년 이후부터 나라에서 천주교를 금지함이 엄중했으므로 마침내 천주교에 대한 마음을 끊었다. 을묘년 여름에 중국 소주 사람 주문모가 들어와 나라 안의 분위기가 흉흉해지자 외직으로 나가 금정 찰방에 보임되어 왕명의 뜻을 받아서 천주교도들을 유인해 교화시키고 제거했다. 신유년 봄에 사헌부 관료인 민명혁 등이 서학의 일을 처음 문제 삼아 계문啓聞하여 이가환, 이승훈 등과 함께 투옥되었다. 얼마 있다가 나의 두 형인 약전과 약종도 모두 체포되었는데 한 사람은 죽고, 두 사람은 살아났다. 여러 대신이 의론해서 석방하도록 건의했지만 유독 서용보가 안 된다고 고집하여 약용은 장기현으로 유배되고, 약전은 신지도로 유배되었다.그해 가을에 역적 황사영이 체포되자 흉악한 인물인 홍희운洪羲運과 이기경 등이 모의하여 약용을 죽이려고 백 가지 계책을 써 임금의 허락을 얻어내었기에 약용과 약전은 또다시 체포되어 조사를 받았다. 그러나 황사영과 서로 알고 지낸 정황이 없었기에 옥사가 이루어지지 않았다. 태비太妃. 정순왕후께서 감안하여 처분해 주심을 입어 약용은 강진현으로, 약전은 흑산도로 유배되었다. 계해년 겨울에 태비께서 약용을 풀어주라고 명하셨지만, 정승 서용보가 다시 막았다. 경오년 가을에 아들 학연이 억울하다고 호소하자 고향으로 방축하라고 명하셨으나 사헌부가 다시 조사하자고 계사啓辭를 올렸으므로 의금부가 막았다. 그로부터 9년 뒤인 무인년 가을에야 비로소 고향에 돌아왔다. 기묘년 겨울에 조정의 의론으로 다시 약용을 등용하여 백성을 편안케 하려고 했지만 서용보가 또 저지했다.

약용은 유배되어 있던 십 년하고도 팔 년이나 되는 기간에 경전 연구에 마음을 기울였다. 시詩, 서書, 예禮, 악樂, 역易, 춘추春秋, 사서四書에 관한 저술이 모두 230권인데 정밀하게 연구하고 오묘하게 깨우쳐 옛 성인의 근본 뜻을 제대로 파악했다. 시문집으로 엮어놓은 것은 모두 70권인데 대부분 벼슬살이할 때 지은 것들이다. 그 밖에도 나라의 전장典章 및 목민하는 일, 옥사를 심리하는 일, 무력을 갖춰 방비하는 일, 국토의 강역에 관한 일, 의약에 관한 일, 문자의 분석에 관한 일 등에 관해 편찬한 것이 거의 200권이다. 이것은 모두 성인의 경전에 근본을 두면서 이 시대의 문제에 적용할 수 있도록 힘썼으므로 없어지지 않는다면 더러 인용해서 쓸 내용이 있을 것이다.약용은 벼슬하기 전부터 임금께서 알아주시는 인연을 맺었다. 정조께서 각별히 사랑하시고 예뻐하여 주신 것은 동료들과 비교하여 훨씬 지나쳤다. 그간에 받은 상품이나 하사하신 책, 마구간에서 기르는 말, 호랑이 가죽, 그리고 진귀하고 기이한 물건들이 하도 많아서 이루 다 기록하지 못할 정도다. 국가 기밀에 참여할 때는 품은 생각이 있으면 필찰筆札로 적어 조목조목 진술하도록 임금님께서 허락하시어 그때마다 모두 윤허하시고 따르겠다는 비답批答을 내려주셨다. 일찍이 규영부에서 서적을 교정할 때는 직무의 일을 독촉하거나 채근하지 않으시고 밤마다 맛있는 음식을 보내주셔서 배불리 먹게 해주시고 궁중 내부에 비장되어 있는 모든 책을 규장각의 감독을 통해 언제든 열람을 청할 수 있게 해주셨다. 모두 남다른 대우였다. 약용의 사람됨은 착한 일을 즐겨하고 옛것을 좋아했으며 행동하고 실천하는 데 과감했다. 그러다 마침내 이 때문에 앙화를 불러들였으니, 이것은 운명이다. 평소 죄악이 아주 많아서 가슴속에 후회가 가득 쌓였다.금년에 이르러 임오년을 다시 맞게 되었으니, 세상에서 말하는 회갑이라 다시 태어난 것 같다. 마침내 긴요치 않은 잡무들을 죄다 제거하고 깨끗이 씻어 없애어 아침저녁으로 자기 성찰에 힘써서 하늘이 내려주신 본성을 회복하여 지금부터 죽을 때까지 어그러짐이 없기를 바란다.

정씨 가문의 본관은 압해押海다. 고려 말엽에는 백천白川에서 살았고 우리 조선 왕조가 설 때부터는 마침내 한양에서 살았다. 처음으로 벼슬한 조상은 교리를 지낸 자급子伋이다. 이로부터 쭉 이어져 부제학을 지낸 수강壽崗, 병조판서를 지낸 옥형玉亨, 좌찬성을 지낸 응두應斗, 대사헌을 지낸 윤복胤福, 관찰사를 지낸 호선好善, 교리를 지낸 언벽彦璧, 병조참의를 지낸 시윤時潤이 모두 옥당(홍문관)에 들어갔다. 이로부터 시절의 운수가 나빠져서 마현으로 이사해 살았으며 고조부, 증조부, 조부의 삼대가 모두 포의布衣, 벼슬 없는 선비로 세상을 마쳤다. 고조의 휘는 도태道泰, 증조의 휘는 항신恒慎, 조부의 휘는 지해志諧인데 오직 증조부만 진사를 하셨을 뿐이다.

아내 홍씨는 아들 여섯과 딸 셋을 낳았지만 요절한 아이들이 3분의 2이고 오직 아들 둘과 딸 하나만 제대로 컸다. 아들은 학연學淵과 학유學游이고, 딸은 윤창모尹昌謨에게 시집갔다. 나의 무덤은 집안 뒤란에 있는 자좌子坐의 언덕으로 정했다. 부디 바라던 바와 같게 되었으면 한다. 명銘은 이렇다.

"임금의 은총을 한 몸에 안고 궁궐 깊은 곳에 들어가 모셨으니 참으로 임금의 심복이 되어 아침저녁으로 가까이 섬겼네. 하늘의 은총을 한 몸에 받아 못난 충심을 압유納牖, 차근차

근 말씀드리면 받아들여 줌 하셨고, 육경을 정밀하게 연구하여 오묘하

게 해석했네. 간사하고 아첨하는 무리가 기세를 폈지만, 하

늘은 그로써 너를 곱게 다듬었으니 잘 거두어 속에 갖추어

두면 장차 아득하게 멀리까지 들려 올리리라."

자신의 60년 삶에 대한 자부심이 넘치는 묘지명이다. 지

난날의 상처는 다 잊고, 이런 인생으로 충분했다는 만족감

이 행간에 가득하다. 가문에 대한 자부심도 크고, 정조 임금

과 함께했던 시간도 고귀하게 여긴다.

누구도 원망하지 않았다. 그렇게도 자신을 못살게 굴었

던 노론들에 대한 비난의 글은 한 줄도 찾아볼 수 없다. 그

런 자잘한 일은 이미 초탈했다는 의미일 것이다.

자신의 묘지명까지 마쳤으니, 다산의 삶은 더 가벼워지

고 홀가분해졌다. 그는 마치 일생 아무 곤욕도 치르지 않은

노인처럼 평화롭게 늙어갔다.

오랜만에 보는 대궐은 여전했다

그러다 1823년(순조 23년) 9월, 62세의 그에게 갑자기

승지 후보로 낙점되었다는 소식이 들려왔으나 얼마 뒤 취소

되었다는 얘기를 전해 들었다. 그는 승지 후보에서 탈락한 것이 서용보의 농간 때문이었다고 자찬묘지명에 적었다. 자찬묘지명에는 서용보라는 이름이 두어 차례 더 등장하는데, 번번이 다산의 앞길을 막은 인물로 지목하고 있다.

서용보는 누구인가. 다산이 서른세 살 때 경기도 암행어사로 활약하면서 서용보의 친척 패거리들이 연천 지역의 향교 터를 서용보 가문에 갖다 바치기 위해 명륜당을 헐어버린 사실을 알아내고는 당장 죄인들을 잡아들여 호되게 징계한 적이 있다.

당시 서용보는 정조의 절대적인 신임 아래 경기도 관찰사와 규장각 직제학까지 겸하고 있었기 때문에 다산이 감히 건드릴 수 없는 위치였다. 그럼에도 다산이 서용보의 체면에 먹칠을 했으니, 그래서 끝끝내 다산의 앞길을 막았던 것일까? 아니면 두 사람 사이에 다른 악연이 또 있었을까. 조선왕조실록을 비롯한 역사서에 두 사람 사이의 인연에 대해서는 전해지지 않는다.

1827년 10월, 다산의 나이 66세 때 윤극배尹克培라는 자가 요사스러운 책 한 권을 만들어 다산이 천주교와 관련된 혐의가 있다고 비판하면서 그를 궁지로 몰아넣고자 했다. 그러나 그런 음모는 누구에게도 받아들여지지 않았다. 윤극배는 3년 후인 1830년에도 또다시 69세인 다산을 죽여야 한다고 했지만 뜻을 이루지 못했다.

이제 나이 칠십을 바라보는 나이에 접어든 정약용을 죽여야 한다는 청원을 올리다니, 헛웃음이 나왔다. 아직도 누군가에게 정약용을 비방하고 모함할 건더기가 남아 있다는 게 신기하고도 씁쓸했다.

1830년(순조 30년) 5월에 대궐에서 연락이 와서 익종翼宗이 위독하니 약원藥院에서 약을 논의할 것을 청했다. 익종은 순조의 아들이자 24대 임금 헌종의 부친으로, 효명세자를 말한다. 이렇게 다산을 부른 것은 대궐에 그가 의학에 조예가 깊다는 사실을 기억하는 사람들이 남아 있기 때문이었다. 이에 다산이 대궐로 달려갔지만 약을 달여 올리기도 전에 익종이 사망함으로써 무위가 되었다.

오랜만에 보는 대궐은 여전했다. 모든 것은 옛모습 그대로였다. 정약용은 장차 반드시 재상이 될 것이다. 그대는 남이 하나를 할 때 열을 해야 비로소 속죄할 수 있을 것이다. 정조 임금의 말씀이 귓가에 쟁쟁했다.

1834년, 다산은 이제 73세의 노인이 되었다. 체력이 예전 같지 않아 장시간 글을 쓰는 일은 쉽지 않지만, 그는 특유의 집중력과 불같은 열정으로 집필 작업을 계속해 나갔다.

그해 봄에 《상서고훈尚書古訓》과 《지원록知遠錄》을 수정하여 모두 합해 21권으로 만들었다. 6권 2책의 《상서고훈》은 《서경書經》을 주석한 책으로 당나라 학자 공영달孔穎達이 지은 《상서정의尚書正義》를 표본으로 하고, 여기에 다산의 의견을 덧붙여 주석했다. 또한 《지원록》은 《서경》에서 난해한 부분을 풀이한 책으로 이 또한 학습자들에게 고전의 어려운 내용을 이해하기 쉽게 설명하고 있다.

서경은 고대 중국의 정치를 기록한 유교 경전으로 나라 안에서 일어나는 모든 정치적 상황이나 사회 변동, 문물제도, 천문지리, 윤리, 민생 문제 등을 사관이 낱낱이 기록하여, 이를 '서書'라고 불렀다. 공자는 이를 중히 여겨 다시 정리하고 편찬하여 《시경詩經》과 함께 오경의 하나로서 교육의 핵심 과목으로 삼았다.

1834년 11월 13일, 순조 임금께서 승하했다는 소식을 들었다. 정조 임금의 차남으로 태어나 11세에 왕위에 오르고, 이후 34년 동안 조선을 이끌었지만 처음엔 정순왕후의 그늘에 묻혀서, 그 다음엔 세도정치에 밀려서 한 번도 제왕의 권능을 제대로 발휘하지 못하고 살다가 사망하고 말았다.

순조가 승하하자 효명세자의 아들이 여덟 살 나이에 즉위했다. 1809년 9월에 태어나 1812년 8월에 세자에 책봉되고 1830년 6월 향년 22세에 죽은 그는 바로 조선의 24대 국왕인 헌종이었다.

1835년, 이제 74세 백발노인이 되었다. 요즈음 그는 가끔 한쪽 벽을 가득 채우고 있는 책장을 바라보곤 했다. 그곳엔 그가 평생을 다해 이뤄놓은 결과물들이 빼곡 들어차 있었다.

이 책장 하나만으로는 모자라 다른 방에 더 많은 책이 쌓여 있지만 다산은 특히 애착이 가는 책들은 이곳에 쌓아 놓고 퇴고를 거듭하고 있었다. 다산은 이젠 흐릿해진 눈으로 하나하나의 책을 바라보았다. 삶의 소중한 시기를 전부 바치고도 모자라 고향에 돌아와서도 쉬지 않고 이어지는 저술 작업은, 어쩌면 죽어서도 계속 이어지지 않을까.

그에게 유배는 외롭고 힘든 고행이었지만 책장에 가득한 책들을 보면 딱히 자신의 인생 전체가 비극인 것은 아닌 듯했다. 책장에 가득한 182책 508권의 책들을 보며 다산은 이만하면 충분히 보람 있는 인생이 아니었나 하며 미소를 짓곤 했다.

그리고 강진에서부터 오늘에 이르기까지 사용해 온 집필용 책상이 있다. 윤씨 가문이 보내준 선물로 35년이 지난 지금까지 소중히 간직하고 있다. 저 작은 책상에서 얼마나 많은 글들을 쏟아냈는지, 그럼에도 책상은 싫증을 내지 않고 언제든 그를 받아주었으니 얼마나 고마운 일인가.

손때 묻은 책상은 그가 흘린 피와 땀과 눈물로 얼룩진 인생 그 자체였다. 그 책상에서, 오늘의 다산은 굴곡졌던 인생을 회고하거나 가끔은 아내와 마주 앉아 따뜻한 차 한 잔을 나눠 마셨다. 두 사람은 그 시대에는 보기 드물게 60년을 해로한 부부였다. 무슨 말이 필요하랴. 두 사람은 서로의 얼굴을 바라보는 것만으로도 마음이 놓이고, 끝없이 차오르는 행복감에 젖었다.

거인, 마침내 눈을 감다

1836년(헌종 2년) 2월 22일, 다산이 마침내 파란에 찬 인생을 마무리하고 눈을 감았다. 향년 75세, 살아 있을 때보다 죽은 다음에 더 많은 칭송과 존경을 받게 되는 조선 실학계의 거인이 그렇게 영원히 잠든 것이다.

이에 앞서 며칠 동안 다산은 이제 떠날 때가 되었음을 직감한 듯이 평온한 표정으로 집안의 대소사를 챙겼다. 심지어 다산은 자신이 숨을 거두게 되면 정례 절차를 어찌어찌하라는 지시까지 했다.

그날은 마침 다산이 아내와 혼인한 지 60년이 되는 회혼일回婚日이어서 족친族親과 문생門生들이 모두 모였다. 모두 그의 손을 잡고 더 오래 사실 것을 축원했는데, 다산은 희미하게 웃기만 했다.

다산은 이미 회갑 때 유명遺命을 써두었으니, 그것은 바로 자신의 장례 절차에 대한 내용이었다. 다산은 이미 강진에 있을 때 《상례사전》을 지었기에 그것에 한 치라도 어겨서는 안 된다고 유명에 적었다. 자식들은 아버지의 당부대로 여유당 뒤편 광주 초부방 마현리 언덕에 장사 지냈다. 아내 홍씨는 그로부터 2년 뒤인 1838년 남편의 뒤를 따랐다.

다산이 평생 지켜 온 신조는 하늘이 두 쪽이 나도 원칙을 따르는 것이었다. 이런 신념은 생명이 다하는 순간에도 가족에게 전하는 목소리에 고스란히 담겨 있었다. 다산은 바로 이런 신념으로 일생 철학, 종교. 윤리, 정치, 경제, 윤리, 지리, 과학, 언어, 의학, 음악 등에 이르기까지 거의 백과사전적일 만큼 모든 분야를 아우르는 작품을 남겼다. 그리하여 후대 사람들은 그의 학문적 업적을 일컬어 '다산학茶山學'이라 했다.

다산이 떠난 지 72년이 지난 1910년 7월 18일, 조선의 마지막 왕 순종은 다산을 정헌대부 규장각 제학으로 추증하고, '문도공文度公'이라는 시호를 내렸다.

1921년 12월, 현손玄孫, 고손자 정규영丁奎英이 오랜 노력 끝에 〈사암선생연보俟菴先生年譜〉를 편찬하여 다산의 발자취를 새로이 밝혔다.

1934년부터 1938년까지 다산의 5대손인 정향진이 비매품으로 발행한 《여유당전서》가 외현손 김성진金誠鎭이 편집하고, 당대 최고 지성인인 정인보鄭寅普 선생과 안재홍安在鴻 선생이 교열을 보아 총 76책(전 154권)으로 간행되었다. 《여유당전서》에 들어 있는 그의 책들은 하나같이 조선의 실학운동을 집대성한 보물로, 다산 정약용의 사상은 한국 사상의 원형이 되었다.

그가 남긴 182책 508권의 유산

다산 정약용에게 18년에 걸친 유배 생활은 정치 활동은 물론이고 사회생활 자체가 차단된 암흑의 시간이었지만, 그는 좌절하지 않고 사유와 집필에 몰두할 수 있는 자기만의 시공간으로 만들었다. 결과적으로 유배는 그가 지향하는 사상적 목표를 위축시키지 않고, 오히려 체계화하고 심화시키는 계기가 되어 마침내 한국 사상사에 거대한 족적을 남겼다.

유배지 강진에서 정약용은 백성들이 처해 있는 실제 생활 현장을 목격했다. 그 전에 이미 황해도 곡산 부사와 경기도 암행어사로서 민초들의 피폐한 삶을 목격한 정약용은 조선 후기 농촌사회 곳곳에 만연한 부정부패와 벼슬아치들과 백성들 사이에 가로놓인 첨예한 갈등이 조선의 암울한 미래를 말해주고 있다고 보았다.

때는 1800년대 초반, 조선의 통치 시스템이 낙후되고 그것을 뒷받침하는 이념 또한 너무도 낡아빠진 상태에서 다산은 미래를 위한 새 길을 모색해야 한다고 보았다. 조선의 현실에 대한 이러한 시각은 그의 사상을 추상적 이론이 아니라 현장에서 검증된 민생 중심의 사상으로 재탄생하게 했다.

그리하여 정약용은 '백성이 나라의 근본'이라는 인식 하에 〈목민심서〉, 〈흠흠신서〉, 〈경세유표〉를 비롯한 182책 508권의 책을 지었다. 그것 하나하나가 조선 사회가 당면하고 있던 각종 병폐 현상에 대해 개혁의 방향을 모색한 것이었고, 비판의식을 가지고 후기 조선이 당면하고 있는 문제들의 대안을 찾아 나선 여정이었다.

이러한 정약용의 발자취는 급속히 쇠락해 가는 조선 후기의 혼란한 시대 상황 속에서는 빛을 보지 못했지만, 세월이 흐르고 시대가 변하면서 점점 사람들의 열광적인 관심을 이끌어 냈다. 여기다 한때는 독실한 천주교 신자로서 그가 겪었던 모진 고통과 그것을 끝내 이겨낸 독특한 이력도 그를 존경하게 되는 이유의 하나일 것이다.

나라가 어지러울수록 다산 정약용 같은 인물이 그리워지는 오늘이다. 성마른 언행으로 국민을 피곤하게 하는 정치인들이 넘치고, 일반 국민보다 못한 상식 수준으로 행동하는 엘리트들이 매스컴에 오르내릴 때마다 일생 동안 검박한 생활과 겸손한 태도로 일관했던 다산의 삶이 떠오른다.

다산 정약용이 살았던 조선 후기는 낙후된 통치 시스템과 무능하고 무책임한 공직자들로 인해 국가 기능이 급속도로 마비되고 있었다. 엉망진창으로 운영되는 국가 행정은 모든 부분에서 조선이라는 나라를 나락으로 떨어뜨리고 있었다. 오죽하면 다산은 《경세유표》의 앞머리에 이렇게 적었다.

"터럭만큼도 병통이 아닌 것이 없는 바 지금이라도 고치지 않으면 반드시 나라가 망할 것이다."

다산이 이 책을 쓴 것은 1817년이었다. 그가 어떻게든 바로 세우고 싶어 했던 조선은 끝내 고쳐지지 않았고, 나라는 결국 망하고 말았다. 다산이 옳았던 것이다.

조선 후기를 살았던 수많은 사람 중에서 다산 정약용이 가장 존경받는 이유는 무엇일까? 그것은 그가 오랜 세월 탄압과 핍박의 시간을 견디고 이뤄낸 학문적 업적 때문만은 아닐 것이다. 그보다는 그가 추구한 민본사상과 그것을 뒷

받침하는 올곧은 신념, 그리고 그가 살아냈던 시대적 상징
성이 그의 전 생애에 걸쳐 고스란히 응축되어 있기 때문일
것이다.

유학자 집안에서 태어나 어릴 적부터 유학의 울타리 안
에서 살아온 다산은, 그러나 일찍부터 관념적이고 추상적인
성리학 이론에 머물지 않고 백성의 삶을 실제로 개선하는
제도 개혁에 관심을 가졌다. 실사구시, 경제치용이라는 실
학의 목표에 한 치의 어긋남이 없었던 다산의 철학적 태도
는 오늘날에도 공직 윤리와 행정 개혁, 복지 행정과 연결될
만큼 현실적 가치를 지닌다. 다산이 시대를 앞서간 인물이
라는 평가를 받는 이유일 것이다.

그는 극에 달한 당파싸움의 한복판에서도 권력에 굴복하
지 않고 오로지 자기 신념대로 살아갔다. 그 때문에 정적들
로부터 탄압을 받고, 심지어 오랜 세월 유배 생활을 해야 했

지만 누구도 원망하거나 비난하지 않고 묵묵히 혹독한 시간을 견뎌냈다.

그 오랜 세월, 그의 생각은 정의롭고 건강한 나라를 만드는 방법을 찾는 단 하나의 방향으로만 치달았다. 개혁적이지만 급진적이지 않은 균형감을 지닌 철학자였던 다산은 기존 체제를 완전히 부정하는 혁명가가 아니라 제도를 고쳐서 더 나은 사회를 만들려 한 법고창신의 개혁가였다. 그를 가리켜 실학을 집대성한 인물이라 부르는 이유가 바로 여기에 있다.

그럼에도 다산은 동시대에 널리 알려진 인물은 아니었다. 그가 본격적으로 세상에 드러난 계기는 그가 죽고 나서도 한참 후인 19세기 말부터였다. 조선 말기와 대한제국 시기에 개화파 지식인들 사이에서 실학사상이 재조명되면서 다산이 대표 인물로 주목받기 시작한 것이다.

특히 일제강점기에 민족학자들이 조선의 자주적 사상과

전통을 찾는 과정에서 정약용이 크게 부각되었다. 여기다 최남선, 정인보 등이 실학을 조선의 근대적 사상으로 집중 조명하면서 정약용이 더욱 주목받기 시작했다. 그러다 해방 이후, 학계의 연구가 심화되고 중고등학교 교과서에 《목민심서》, 《경세유표》, 《흠흠신서》 등이 수록되면서 정약용은 조선 후기 최고의 개혁 사상가로 재평가받게 되었다.

"백성은 가난보다 불공정에 더 분노한다."

《목민심서》의 주제이자 다산이 추구했던 민생정치의 핵심 철학이었던 이 말은 시대를 넘어 여전히 유효하다. 불공정의 희생자였기에 누구보다 절실했던 공정한 세상으로의 개혁은, 그가 항상 꿈꾸었던 과제였음에도 지금도 전과 다름없이 숙제인 것은 무엇 때문일까? 다산의 생애를 연대기식으로 뒤밟아간 이 책을 통해 우리 시대의 문제를 성찰하는 계기가 되었으면 좋겠다.

여유당전서 목록

제1집

제1권~제22권(詩文集)

제1권~제7권(詩集)

제8권~제22권(文集)

제23권~제25권(雜纂集)

제24권: 아언각비(雅言覺非)

제2집 _經集

제1권: 대학공의(大學公議)

제2권: 대학강의(大學講義)

소학지언(小學枝言)

심경밀험(心經密驗)

제3권: 중용자잠(中庸自箴)

제4권: 중용강의(中庸講義)

제5권, 제6권: 맹자요의(孟子要義)

제7권~제16권: 논어고금주(論語古今註)

제17권~제20권: 시경강의(詩經講義)

제21권~제28권: 상서고훈(尙書古訓)

제29권~제32권: 매씨서평(梅氏書平)

제33권~제36권: 춘추고징(春秋考徵)

제37권~제44권: 주역사전(周易四箋)

제45권~제48권: 역학서언(易學緖言)

다산의 책상

초판 1쇄 인쇄일   2026년 3월 13일
초판 1쇄 발행일   2026년 3월 20일

지은이   이태산
발행인   양혜령
발행처   홍익피앤씨
출판등록번호   제 2023-000044 호
출판등록   2023년 2월 23일
영업본부   경기도 고양시 백석동 1335 더리브스타일 536호
대표전화   02-323-0421
팩스   02-337-0569
메일   editor@hongikbooks.com
영업관리   (주)인스타북

ISBN   979-11-997640-0-2(03190)